在“楚天极地”“百越禁喉”的武陵山区和云贵高原东缘，溪峒之间、河坝之中，坐落着一个个山水环绕、草木相连的村落——侗寨，这里是侗族人的栖息处，也是民族文化创造之所。这里鼓楼耸立、花桥横卧，天籁之音飞越灵山秀水，侗族的历史文化犹如美丽的侗锦在这里书写。

走近中国少数民族丛书

主 编/丹珠昂奔

侗 族

Dongzu

杨筑慧 著

辽宁民族出版社

图书在版编目（CIP）数据

侗族 / 杨筑慧著. —沈阳：辽宁民族出版社，2014. 12
（走近中国少数民族丛书 / 丹珠昂奔主编）
ISBN 978-7-5497-0962-5

Ⅰ. ①侗… Ⅱ. ①杨… Ⅲ. ①侗族—民族历史—中国 ②侗族—民族文化—中国 Ⅳ. ①K287.2

中国版本图书馆CIP数据核字（2014）第310805号

走近中国少数民族丛书·侗族
ZOUJIN ZHONGGUO SHAOSHUMINZU CONGSHU·DONGZU

丛书策划 / 李凤山

出版发行者：辽宁民族出版社
地　　址：沈阳市和平区十一纬路25号　邮编：110003
印 刷 者：沈阳新华印刷厂
幅面尺寸：170mm×240mm
印　　张：13.25
字　　数：190千字
出版时间：2015年8月第1版
印刷时间：2015年8月第1次印刷
责任编辑：李凤山　吴昕阳　李　璜
封面设计：杜　江
责任印制：杨　雪
责任校对：边京爱　林　华

标准书号：ISBN 978-7-5497-0962-5
定　　价：38.00元

法律顾问：陈　光
举报电话：024-23284336

邮购电话：024-23284335
如有印装质量问题，请与出版社联系调换
联系电话：024-23284340
网　　址：www.lnmzcbs.com
淘宝网店：lnmz2013.taobao.com

《走近中国少数民族丛书》编辑委员会

《走近中国少数民族丛书》作者名录

《蒙古族》 萨仁图娅（蒙古族）
《回族》 许宪隆（回族） 张龙（汉族）
《藏族》 丹珠昂奔（藏族）
《维吾尔族》 艾克拜尔·吾拉木（维吾尔族）
买力克·买买提（维吾尔族）
伊利迪尔（维吾尔族）
《苗族》 石莉芸（苗族） 李云兵（苗族）
《彝族》 陈国光（彝族）
《壮族》 黄佩华（壮族）
《布依族》 周国炎（布依族）
《朝鲜族》 黄有福（朝鲜族）
《满族》 于今（满族）
《侗族》 杨筑慧（侗族）
《瑶族》 玉时阶（壮族）
《白族》 董建中（白族）
《土家族》 罗中（土家族） 罗午（土家族）
《哈尼族》 朱志民（哈尼族） 李泽然（哈尼族）
《哈萨克族》 艾克拜尔·米吉提（哈萨克族）
伊拉达·拉音别克（哈萨克族）
《傣族》 赵瑛（傣族）
《黎族》 罗文雄（黎族）
《傈僳族》 鲁建彪（傈僳族） 欧光明（傈僳族）
《佤族》 郭锐（佤族）
《畲族》 钟亮（畲族）
《台湾少数民族》 林华（台湾少数民族）
《拉祜族》 苏翠薇（拉祜族）
《水族》 韦学纯（水族）
《东乡族》 马兆熙（东乡族） 马自祥（东乡族）
《纳西族》 白庚胜（纳西族） 孙淑玲（汉族）
白羲（纳西族）
《景颇族》 金黎燕（景颇族）
《柯尔克孜族》 阿地里·居玛吐尔地（柯尔克孜族）
《土族》 祁进玉（土族） 东永学（土族）
《达斡尔族》 毅松（达斡尔族）
《仫佬族》 黎学锐（仫佬族） 黎炼（仫佬族）
《羌族》 雍继荣（羌族） 罗吉华（羌族）
周发成（羌族）
《布朗族》 陶玉明（布朗族）
《撒拉族》 马成俊（撒拉族） 马建新（撒拉族）
《毛南族》 韩德明（汉族）
《仡佬族》 周小艺（仡佬族）
《锡伯族》 阿苏（锡伯族） 盛丰田（锡伯族）
何荣伟（锡伯族）
《阿昌族》 们发延（阿昌族） 张斯齐（蒙古族）
《普米族》 朱凌飞（汉族） 杨周明（普米族）
《塔吉克族》 西仁·库尔班（塔吉克族）
阿力木江·西仁（塔吉克族）
《怒族》 李月英（傈僳族） 张芮婕（傈僳族）
《乌孜别克族》 吾尔买提江·阿布都热合曼（乌孜别克族）
《俄罗斯族》 乃珂热曼·依布拉音（塔吉克族）
《鄂温克族》 黄任远（汉族） 那晓波（鄂温克族）
《德昂族》 袁丽华（汉族） 王燕（汉族）
《保安族》 马少青（保安族）
《裕固族》 董潇红（裕固族） 王政德（藏族）
《京族》 吕俊彪（汉族）
《塔塔尔族》 卡米力·库尔马尤夫（塔塔尔族）
《独龙族》 李金明（独龙族）
《鄂伦春族》 王为华（汉族）
《赫哲族》 黄任远（汉族）
《门巴族》 陈立明（汉族） 张媛（汉族）
《珞巴族》 陈立明（汉族） 李锦萍（汉族）
《基诺族》 朱映占（汉族）

总序

中国是一个统一的多民族国家，几千年来，有着悠久历史和灿烂文化的少数民族，与汉族一道，在中华大地上繁衍生息，共同开发着这块土地，建设、发展、捍卫着这个古老而伟大的国家。各民族都是兄弟，相互离不开，都是这个国家的主人。习近平总书记在第二次中央新疆工作座谈会上发表重要讲话，指出："要坚定不移坚持党的民族政策、坚持民族区域自治制度。民族团结是各族人民的生命线。要高举各民族大团结的旗帜，在各民族中牢固树立国家意识、公民意识、中华民族共同体意识，最大限度团结依靠各族群众，使每个民族、每个公民都为实现中华民族伟大复兴的中国梦贡献力量，共享祖国繁荣发展的成果。各民族要相互了解、相互尊重、相互包容、相互欣赏、相互学习、相互帮助，像石榴籽那样紧紧抱在一起。要在各族群众中牢固树立正确的祖国观、民族观，弘扬社会主义核心价值体系和社会主义核心价值观，增强各族群众对伟大祖国的认同、对中华民族的认同、对中华文化的认同、对中国特色社会主义道路的认同。"因此，坚持平等、团结、互助、和谐的社会主义民族关系，不断增进了解、紧密关系，深化友谊、建立牢不可破的感情基础，是中国社会转型期、改革攻坚期、矛盾多发期保持社会稳定、发展的基本要求，也是实现中华民族伟大复兴的中国梦的基本要求。

为了进一步宣传我国少数民族的历史文化和民族风情，增强对少数民族的认识，宣传党的民族政策和方针，加强各民族之间的了解与沟通，让读者了解少数民族文化，加深对我党民族政策的理解，中华人民共和国国家民族事务委员会文化宣传司和辽宁民族出版社共同策划了《走近中国少数民族丛书》。

依据上述原则，《走近中国少数民族丛书》的编写有以下三个特点：第一，采用图文并茂的形式、鲜活生动的语言、特色浓郁的图片以及丰富的民族常识链接，向读者展示我国55个少数民族的历史渊源、民族变迁、社会生活、文化艺术、风俗习惯、历史人物和民族区域自治政策的伟大实践。第二，作者多为本民族专家学者和与民族研究工作相关的专家学者，对自己撰述的对象既有深厚知识积累，也有真挚情感。第三，内容彰显了历史与现实、民族文化与地域文化、民族区域自治地方与散杂居地区少数民族生产生活的多彩画卷和轨迹，引导读者走近少数民族，聆听他们的古老传说，感受他们的发展变化，加深彼此的沟通和了解。这套《走近中国少数民族丛书》是面向民族干部和各级干部通览我国少数民族概况的普及读本，也是图书馆必备藏书。

《走近中国少数民族丛书》所揭示的每一个民族的历史，都承载着这个民族的文化，也承载着这个民族的发展和未来。中华大地孕育的55个少数民族多彩斑斓的民族文化，同汉族文化一道从远古走到今天，汇入了中华文化壮阔的历史长河。“共同团结奋斗，共同繁荣发展”，保护、传承和弘扬少数民族优秀文化，不仅是推动我国民族团结进步事业的重要内容，也是构建和谐社会、实现中华民族伟大复兴的中国梦的重要使命。期待通过《走近中国少数民族丛书》，使广大读者徜徉于少数民族多彩风情的同时，更加深刻地了解和认知中华民族多元一体的文化内涵，感受中华民族悠悠历史的深远与厚重。

丹珠昂奔

2014年6月26日

前言

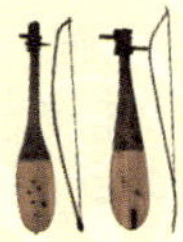

侗族 一个尊重自然、内敛而智慧的民族

侗族，一个历史悠久文化灿烂的民族，自古以来即栖息、繁衍于中华大地，为缔造统一的多民族国家、丰富其文化宝库做出了自己的贡献。

据2010年全国第六次人口普查统计，侗族总人口为2 879 974人，主要分布在贵州、湖南、广西三省区交界地区，其中贵州1 431 928人，湖南854 960人，广西305 565人，湖北52 121人。侗族有语言，无本民族创制的文字，侗语属汉藏语系壮侗语族侗水语支。

云贵高原东部、武陵山区，是侗族主要的聚居区，贵州省黔东南苗族侗族自治州、玉屏侗族自治县，湖南省通道侗族自治县、新晃侗族自治县、芷江侗族自治县、靖州苗族侗族自治县，广西壮族自治区三江侗族自治县、龙胜各族自治县，是侗族较为集中分布之地。此外，湖北省的恩施、宣恩，贵州省的铜仁、江口、石阡，湖南省的绥宁、会同，广西的融水等县，也有部分侗族聚居。自20世纪80年代后，随着改革开放的不断深入，侗族流往东部、东南部地区的人口逐年增加，其中以浙江、广东、福建、江苏较多，反映了侗族社会发展的一个方面。在侗族聚居区，虽山水相隔，分成若干相对封闭的村落，但其分布区域基本连成一片，并与汉、苗、水、瑶、仫佬、壮、土家等民族形成交错杂居的格局。由于语言、习俗与汉文化交流程度不同等原因，一般来说，人们习惯于将天柱、剑河、锦屏、三穗、镇远、新晃等地称为“北部侗族区”（多属长江水系），黎平、榕江、从江、三江、通道、融水等地称为“南部侗族区”（多属珠江水系）。“南部侗族区”的许多侗族村寨，至今仍保留着丰富的民族传统文化元素。

作为中国南方一个土著民族，侗族的历史源流与古代百越人有密切关系，并在世事的流转演变中逐渐生成为单一的民族共同体。侗族自称为“干”“更”“金”等，历史文献记载中的“仡伶”“峒蛮”“洞人”，与侗族有直接的渊源关系。在侗族形成的过程中，不断与汉族、苗族等民族相互交融，显示了中华民族多元一体、彼此不可分割的关系。

侗族是一个具有革命斗争精神的民族，面对封建统治阶级的剥削和压迫，历史上曾爆发过多次农民起义，虽然多以失败而告终，但充分反映了侗族人民不畏强暴、崇尚公平和自由的革命精神。近现代以来，侗族许多志士仁人也积极投身于革命运动中，涌现出一大批英雄人物，为争取民族解放和独立做出了伟大的贡献。在社会主义建设时期，侗族人民参与其中，在各行各业勤奋工作，贡献着自己的智慧与力量。

侗族人崇尚自然，热爱自然，视自然为生命之源。无论是日常生活还是艺术创作，都体现了浓郁的自然美、和谐美。侗族村寨依山傍水，林木葱郁，江河奔流，溪流淙淙。干栏木楼悬空而立，花桥横卧，鼓楼耸凌，宛如一幅秀丽画卷掩映在青山绿水中。热衷于公益的侗族人，修路、架桥、打井、筑亭，精心构建着他们的家园，以至于一些侗族地区被誉为“人类疲惫心灵的最后精神家园”。

富于创造的侗族人民依其生境，从事稻作农耕，所培育的许多糯稻品种盛名在外，如三江大糯、香禾糯等等。农作之余，林木栽培、捞鱼捕虾，亦是侗族人喜爱的副业，既充实了生活，又使山野生机盎然。纺纱织布曾是妇女们必备之技能，图案丰富、灵秀精雅的侗布、侗锦早在明清时期就载于汉文史籍，2008年，侗锦织造技艺被列入国家第二批非物质文化遗产保护名录。侗族嗜酸喜辣，酸肉酸鱼不仅是待客佳肴，也是生活富足的表现。多样的食物，满足着侗族人的腹胃，也滋养着他们的心灵。

内敛、朴实、率真，是侗族人的性格；尊老爱幼、团结互助是侗族人的品德。他们严于律己，侗款的传承规范着人与自然、人与人的关系。丰富的节庆、繁多的仪式，是人们交流的平台，也是释放身心的重要方式。“饭养身，歌养心”，能歌善唱的侗族人还将天籁大歌推向世界舞台，被认为是“清泉般闪光的音乐，掠过古梦边缘的旋律”，并于2009年入选世界人类非物质文化遗产代表作名录。敬天畏地、林木神居、水土有魂，是侗族人与自然的相处之道；崇拜祖先，是侗族人延续血脉的精神依托。宗教信仰，既充盈着侗族人的内心世界，也凝结了侗族文化的深层意涵。

世事在变化，时代在前行，越来越多的侗族人走出山寨，感受着日新月异的外面世界。飞机、高铁使天堑变通途，四通八达的高速公路让人们不再视僻壤为畏途，而无处不在的网络则使人们随时随地都可触摸到遥远他乡的脉动。融入发展，追赶潮流，是当下侗族人的生活，也是他们纠结的真实写照。传统与现代、保护与发展、传承与创新，如何与时俱进，如何固守一方静土，如何留住一片碧水秀山，既是侗族人面临的问题，也是中国许多少数民族面临的问题。

让我们走近侗族，领略其诗意般田园风光，感受其深邃的文化魅力，在墨青图案中寻找一份心灵的皈依！

目录 

第一章
溪峒之民 百越苗裔

两江（长江、珠江）支流、五溪之地，溪峒之中，生息繁衍着一个古老的民族——侗族，他们依山而居，以水为伴，诉说着千年的历史，亘古的故事。据史料记载，侗族先民源于古代百越人的一支——骆越，在历史发展过程中，融合其他族群，至宋代，逐渐演变为单一的民族共同体。对于自己的源流，侗族人世代传唱着一首首古歌，词里曲中，吟诵着遥远的故园乡土。

侗族族称

“侗族”是新中国成立后被赋予法律地位的一个名称。其自称为“干”（Gaeml）或“更”（Geml）、“金”（Jeml），还有“金佬”（Geml Laox）、“金坦”（Jeml tanx）、“金绞”（Jaeml jaox）、“干帕”（Gaeml pap，蓝侗）、“干巴”（Gaeml bagx，白侗）等称。在“干”“更”“金”等前有“宁”（Nyenc）称，意为“人”。一些学者认为，“宁更”“宁金”等有“防卫之人”之意。而汉族多称之为“侗家”“洞苗”“峒崽苗”“侗家苗”“侗”等，或泛称为“苗”。苗族称之为“呆故”（Daix guv）、水族称之为“更”（Geml）。

侗族的名称曾经历过历史的发展与演变。秦汉时期，侗族先民被包括在“黔中蛮”“武陵蛮”或“五溪蛮”等古代民族中，魏晋南北朝至唐，侗族先民则被包括在“僚”“乌浒”等族群中。侗族作为单一的民族共同体出现于汉文史籍，大概是在宋代。这一时期史书中所记载的“仡伶”（ke13lam35）、“仡榄”等，被认为是侗族作为单一民族共同体的重要标识。《宋史·西南溪洞诸蛮》说，乾道七年（1171）靖州有仡伶杨姓，沅州生界有仡伶副峒官吴自由。陆游《老学庵笔记》卷四《辰沅州蛮》说：辰、沅、靖等州，有仡伶、仡僚、仡偻、山僚，俗亦土著，“农隙时，至一二百人为曹，手相握而歌，数人吹笙在前导之”。上述姓氏和习俗现在一些侗族地区仍有保存。元明时，侗族先民被称为“佯僙”“杨黄”“伶”“僚”等，如明弘治《贵州图经新志》卷六《石阡府风俗》载：“郡夷多种……洞人，即佯僙，……男子带竹笠，蓬头跣足；妇人绾尖髻，插两股钗，带大耳环。婚姻论财。”又同书卷七《黎平府》亦载：“黎平在贵州之东，界于沅、靖之间，古佬、伶、苗、僚之区。”

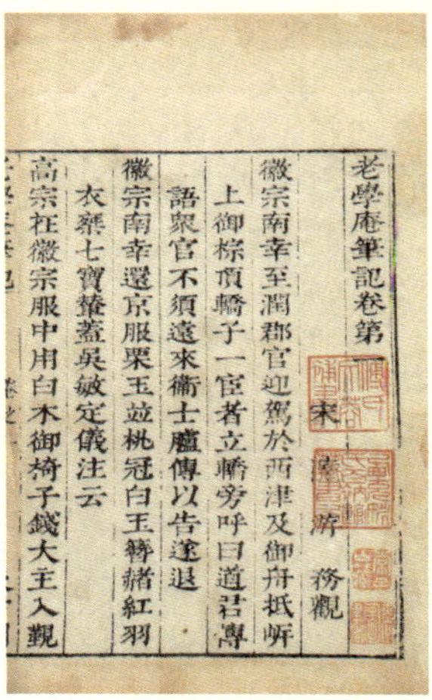

老學庵筆記卷第一

宋 陸游 務觀

徽宗南幸至潤郡官迎駕於西津及御舟抵岸

上御棕頂轎子一宦者立轎旁呼曰道君傳

語衆官不須遠來衛士臚傳以告遂退

徽宗南幸還京服栗玉並桃冠白玉簪赭紅羽

衣乘七寶輦蓋吳敏定儀注云

高宗在徽宗服中用白木御椅子錢大主入覲

陆游《老学庵笔记》书影

"峒（侗）"之名，最早见于明代，称之为"峒（蛮）""狪（人）""洞（人）"等。明人邝露曾游历今广西梧州、桂林、兴安、平乐等地，著有《赤雅》，书中载：

狪亦獠类，不喜杀，善音乐，弹胡琴，吹六管，长歌闭目，顿首摇足为混沌舞。

明人田汝成《炎缴纪闻》卷四中亦载：

峝人，一曰峝蛮，前代避兵流之裔，散处于牂牁舞溪之界，在辰、沅（今湖南沅陵、泸溪、辰溪、溆浦、芷江、黔阳、麻阳）者尤多。

又载当地居民之习俗：

男子科头徒跣，或趿木履，以镖弩自随，暇则吹芦笙、木叶、弹三弦琵琶，擘鹰逐犬为乐。

万历《贵州通志》卷十五载道：

永从县曰峒蛮者，……耕用必偶出入。亮寨司（今锦屏等地）……曰峒人者，俗与潭溪同。

此外，明弘治《贵州图经新志·黎平府·风俗篇》卷七、嘉靖《贵州通志·黎平府·风俗》卷三、郭子章《黔记》、瞿九思《万历武功录》卷四等，都详细记载了黎平府属、广西怀远（今三江）"洞蛮""峒（侗）人"的社会组织、生活习俗等情况。

清代至民国时期仍延续明代称谓，将侗族先民称为"狪""洞"等，"狪"显然带有歧视、侮辱意，如清雍正金铁《广西通志》卷九十二《诸蛮》有"梧（州）、浔（州）多狑（伶）、狪（侗）、獞人"的记载。又嘉庆年李宗昉《黔记》卷三载：

《柳州府志》书影

洞苗，在天柱、锦屏二府……女人戴蓝布角布，穿花边衣裙，所织洞帕颇精。

清代《柳州府志》卷三十《瑶僮》亦说：

侗人所居谿峒，又谓之峒人。

为何侗族先民被贯以“峒”类之名，有学者认为，与其历来选择较平的地点聚居或居于“溪峒”有关。溪峒是指四周环山的平坝，坝中溪流纵横。还有的认为，“峒”是宋代羁縻州所属行政单位，一般羁縻州辖有若干“峒”，“历史上对居住在这一地区的少数民族称为‘峒民’或‘洞人’，后来，‘峒’或‘洞’便演变为对侗族的专称了”。

知识链接 “溪峒”之地，范围不大，大抵也就方圆几里或十几里，周围多为山水环绕，形成一个个相对封闭的自给自足的自然与社会空间。至今，在侗族地区还有许多地方仍保留着“峒（洞）”的名称，如黎平、从江的顿洞、贯洞等地叫作“六洞”；岩洞、曹滴洞一带叫作“九洞”；黎平的潭洞、特洞一带叫作“八洞”；黎平还有肇洞，榕江有利洞，三江有独峒，三江、龙胜、锦屏、新晃、通道等侗族村寨，也有不少冠以“洞”名的。

另外，还有以地名称呼侗族的，如“三宝侗”“天府侗”“下河坝侗”“九洞侗”“六洞侗”“七十二寨侗”“千二侗”“千三侗”“千七侗”“四十八寨侗”等。

新中国成立后，1953年在民族识别的第一阶段，侗族被识别为单一民族，并统一称为“侗族”，从此在法律上确认了其名称。

起源传说

天地如何起源？人类如何衍生？如同许多孩儿一样，许多民族都会追问自己从何而来？源自何方？在追问中，有的将自己的起源与某种动植物甚至无生物勾连起来，形成了图腾崇拜；有的则描绘了远古时期天地万物的形成以及人类的诞生，具有朴素的唯物主义思想和浪漫主义色彩的“创世神话”，于是成为人类童年的朦胧记忆。与许多民族一样，侗族没有本民族所创制的文字，古歌、神话是他们讲述远古祖先如何创天造地、如何与大自然做斗争、如何生存发展的。尽管有许多臆测的内容，但从中我们仍可捕捉到侗族先民对自己、自然与社会的思考，历史发展的端倪也在这样的吟唱中点点铺陈。

对于天地的形成、人类的起源与繁衍的古歌，在侗族民间较为流行的是《起源之歌》。《起源之歌》，有的又译为《创世歌》。广义的《起源之歌》包括了《开天辟地》《侗族祖公》和《款》三个部分，狭义的《起源之歌》仅指具有浓厚神话色彩的《开天辟地》。

《开天辟地》在侗族地区流传着不同的版本，其具体内容也有所不同。其中一个版本唱道："太初混沌无光明，世界朦胧黑一团"，像个鸡蛋一样，无所谓天地，就在这混沌中孕育了盘古。他一出世，就觉得四处一片漆黑，闷得喘不过气来，于是挥动大斧劈天地，接着又造太阳、月亮。从此，人类有了生存的空间。

有了天地、太阳、月亮，人类又从何而来呢？《龟婆孵蛋》生动地讲述了人与其他动物的来源。

四个龟婆来孵蛋，龟婆孵蛋在溪边。
因为溪边不好，四个坏了三个。
有个白蛋生松桑，松桑娥眉笑眯眯。
松桑娥眉笑眯眯，地上阳间一个人。
一人在世太孤单，龟婆孵蛋在坡脚。
因为坡脚不好，四个坏了三个。
有个白蛋生松恩，松恩英俊笑眯眯。
英俊松恩笑眯眯，混沌世界这样起。
混沌世界这样起，男男女女来世上。

知识链接

松桑 侗族传说中的人类第一个女子。
松恩 侗族传说中的人类第一个男子。

之后，又有蛇、龙、虎、猫、雷婆、狗、猪、鸭、鹅、熊依次诞生，随后是姜良、姜妹来到人间。蛋在这里成了生命的本源，人与许多动物成了同宗共祖的"兄弟姐妹"，这反映了侗族和谐的自然观和生态观。不过，由于"家"中的"兄弟姐妹"多，人兽难处，出现了矛盾和纠纷，最后导致了姜良、姜妹放火烧山，人兽揖别，各有归处。离奇荒诞的故事却暗含了早期人类如何与毒蛇猛兽做斗争的场景。当然，姜良、姜妹的行为也惹恼了逃到天上的雷婆，"天空雷声吼，地上雷声响。要捉到姜良到处找，为报父母兄弟仇”。姜良略施计，将雷婆捉住，关在铁屋里。但姜妹心地善良，给了雷婆水喝，顿时雷婆显威，破屋而出。临行前拔下一颗牙，说是瓜种，让姜妹种下。说来也奇怪，种下的牙快速长大，七天七夜瓜蔓爬过九重山坡，结个大葫芦似草棚。上天后的雷婆则呼风唤雨，倾盆大雨连下九个月，遍地洪水滔滔，大地一片汪洋。“姜良束手无策，姜妹胸有成竹”，打开葫芦盖躲进里面。葫芦飘到了南天门，经过蜜蜂的说和，雷婆放出七个太阳来晒，七七四十九天，终于晒退了洪水。不过太阳太晒，“种稻稻不长，种菜菜不出。鱼塘没有鱼，山坡没有树”。在此情形下，姜良请求蜾蠃砍太阳，最后“留下两个太阳，一个在白天，一个在黑夜，让世间分黑夜和白昼”。但从葫芦里走出来的姜良和姜妹看到的世界却是“房屋良田都冲尽，人畜死得不留根。只见泥沙深万丈，不见世上有个人”。为了繁衍人烟，兄妹俩只得翻山越岭到处寻找配偶，可终究无果而归。最后在岩鹰（有的传说是龟仙）的指点下，经过隔山滚石磨、隔岸点香、绕瓜追赶或穿针引线等神灵示意，兄妹俩只好开亲传人烟。有趣的是，兄妹结婚后生下的是肉团，不是人。没办法，他们只得将肉团砍成碎块装进箩筐，丢到山林中。奇怪的是，第二天，“山上山下，河边溪头，人声笑语，炊烟浮游”。

肠子变汉人，汉人善思，
汉人聪明，第一句会叫“妈”。
骨头变苗人，苗人强悍，
苗人勇敢，第一句话会叫“咪”（母亲）。
肌肉变侗人，侗人老实。
侗人温和，第一句话会叫“内”（母亲）。
置汉人在城市，置苗人在山头。
置侗人在乡村，造了千千万万个姓氏。

在有的版本中则说血水变成了汉族，所以汉族住在大江大河旁；肉变成了侗族，侗族就依山傍水而居；心、肠、腰、肺则变成了瑶族，瑶族穿花衣裳；骨头变成了苗族，苗族住在高山顶上。葫芦在这里成了人类再生的工具，而汉、苗、侗也成了同母共父的同胞。葫芦传人的神话故事在汉族、南方地区许多少数民族中也广泛流行，其中不乏从葫芦中走出汉族以及周边其他民族的说法。由此可见，各民族同生共处的观念很早就已深入侗族先民的认识里，反映了“你中有我，我中有你”的不可分割的关系。

远古的历史在神话中若隐若现，起源后的侗族先民又将往何处走？能歌善唱、富于想象力的侗族人则将这份记忆述说在《祖先迁徙歌》中。

《侗族祖先哪里来》书影

祖公迁徙

以诗言情，以歌表意，歌是侗族人表达思想感情最常见的方式，也是记录民族繁衍、祖先迁徙、习俗演变的重要手段，它已融入侗族人社会生活的诸多方面，如古歌所唱：

牛死留有角，人死留下歌。牛角挂在檐柱上，显耀祖先家业多，老人留歌众人唱，为将往事向后代来叙说。

在侗族民间，传唱着许多关于祖先迁徙的叙事古歌和念词，如《祖源歌》《忆祖宗歌》《祭祖歌》《祖公上河》《侗族祖先迁徙歌》等等。如《祖源歌》唱道：

要问我们侗族的祖先，当初住在什么地方？
当初我们侗族的祖先，住在梧州一带；
当初我们侗族的祖先，住在那音州河旁。

又如《摆共侗族祖先落寨歌》唱道：

我们侗家祖先，原住江西吉安，
后来住在广东，地名叫佛山；
以后又到梧州，沿途往上迁搬。

知识链接 **念词** 一种节奏性较强，易于背诵，多用于纪念祖先或祝福的吉利词。

由于人口繁衍、人丁兴旺，老地方不能够养活那么多人，祖先于是决定砍树造船，沿江迁徙，一路先后到了八洛、三宝、贯洞、龙图、洛香、皮林等今贵州榕江、从江一带的侗族聚居区。《忆祖宗歌》唱道：

传说世上的人都是丈良（姜良）丈美（姜妹）生，
那是非常古老的事情。
自从地下有了人，
便分为寨来分为村。
……
三男落到古州，所以古州叫三宝；
四男落到南江、水口，地名叫作“四脚牛”；
六男落到皮林、龙图……，如今叫六洞；
八男落到潘老、口团，如今叫作八洞；
九男落住九洞，那就是信地、增冲……
从此分为寨，从此分为村。
家家安居住下，人人种田为生。

在这首古歌里，我们不仅看到侗族先民的迁徙地以及现今的分布地，而且还窥见其以男性为主的继嗣制度和较早就开始从事农业生产的经济状况。

侗族的祖先迁徙歌在追根溯源中寻找民族的历史记忆，它是一种“集体无意识”的述说，既是对时间流逝的一种心灵抚慰，也是希冀在共同祖先的荫庇下，加强族群间的认同感和凝聚力。事实上，对于许多无文字的民族来说，口头文学记录了其民族发展的印迹，尽管在流传的过程中，其内容不断被增添或删减，情节与主题或许与本源发生了偏离，但对于继承者来说，这些碎片化事件或过程就是“信史”，他们的先人就是以那样的方式走过了历史长河。

民间对民族历史的构建虽然给学术研究提供了一丝讯息，但远远不能满足学者们引经据典的执着与痴迷，对一部部史料的爬梳同样成为他们探究侗族族源的路径，侗族祖先源于古代百越族群的文献记录，也如迷雾般被一点点拨开，渐渐呈现在我们的眼前。

百越之后

关于侗族的族源，学术界众说纷纭，归纳起来，主要有两种说法：土著说和外来说，外来说中又有“梧州说”和“江西说”。

土著说认为，侗族先民自古以来就生息繁衍在今贵州、湖南和广西三省区，他们是形成侗族的主体部分，在持土著说之时，还有的学者认为：“侗族是一个以土著为主，并吸收外来成分的民族，它就是由魏晋时泛称的僚人土著在湘、黔、桂边境的一部分，经过长时期和其他民族人们共同体的互相交往，互相影响中发展起来的，包括由广西梧州和江西吉安府迁来的侗族先民在内。”

《侗族简史》书影

对于“江西说”，主要是依据家谱、史籍记载及传说，至于流入现居地的原因，则有逃荒、经商、战乱等。清光绪十三年（1887）立于从江县上皮林寨的一块石牌记述当地石姓侗族来源道：

盖自江西故籍，郡号武威吉安府之属，吉水县之民……迨至治极乱生，三一五二之抽丁，十去而十不返；七三六四之赋税，一不减而二增，兵残民命，难于保身，不得已而为异域之迁移，扶老携幼，维其跋涉，弃故土而投他乡。至我皮林，开疆斩土……

《我们祖先怎样落在这个寨子上》则唱道：

我们祖先本姓杨，住在江西太和县，地名叫作朱始巷，那里原来很安静，绿竹满坡笋子壮。可依地理先生说，那里地势不兴旺。我们祖先去算命，也说搬迁才吉祥。还说搬迁要出千里外，子孙后代才兴旺。

对“江西说”，不少学者倾向于是侗族在形成的过程中，融合了来自江西的汉人所致。对这种民族融合的状况，“侗款”中曾说道：

东方人来起，西方人来往，来了三姓不知，五姓不难，合在一起，聚在一团，团做一寨，喜笑同乐，外患同忧，里内连裙，谁人心不平，都齐来劝解，谁人有高低，甜言细语来安慰，忧患深藏，乐同笑嘻，跟随大伙讲花时。

看来，侗族人民族平等、团结的意识由来已久。

对于“梧州说”，一些侗学研究者认为其更能反映侗族源流及发展历程，如《从〈祭祖歌〉探讨侗族的迁徙》一文写道：

侗族在远古时候，定居于梧州，迁徙时循浔江而上，途经柳州，逆都柳江进入贵州，首先落居古州，而后再由古州伸展；一部分迁居通道，再由通道北移天柱、新晃，另一部分向东迁移，定居于三江、龙胜等县。

尽管学界对侗族源流莫衷一是，各持己见，但多认为侗族族源与古代越人有关，如《侗族文化研究》称：侗族“从史书中可以追溯的较早祖先，是五代时期便已在我国江南和岭南居住的百越人。他们中的大部分原是居于秦汉苍梧地区的越人，即那时生息在今西江中游的广东肇庆、广西梧州一带的土著居民”。越人，即战国至秦汉时期分布于我国长江以南广大区域的一个较大族群，因其支系繁多，史称“百越”或“百粤”，主要支系有于越、句吴、东瓯、闽越、骆越、南越、西瓯、山越、扬越、掸人、滇越、夜郎、越裳等。越人活动区域大致包括了现在长江中下游以南及岭南、贵州省乌江以南和黔西北，以及云南省的东部、南部和西部等地。此外，泰国东部和北部、越南北部、缅甸东部、老挝北部等地区，也曾分布着古代百越人。《汉书·地理志》颜师古注引臣瓒言：“自交阯至会稽七八千里，百越杂处，各有种姓。”“百越”之名初见于《吕氏春秋·恃君》：“扬汉之南，百

《侗学研究》1991年版书影

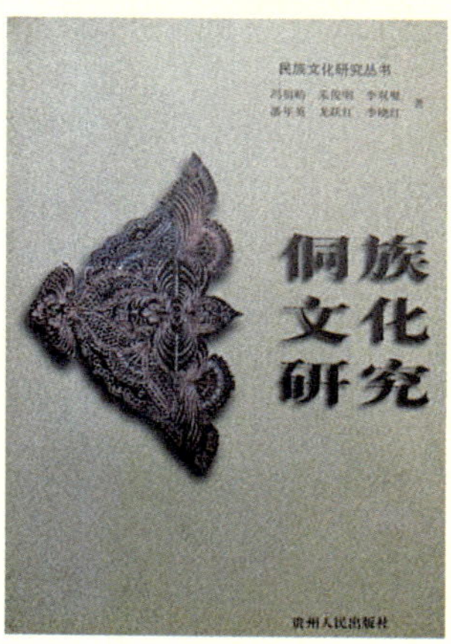

《侗族文化研究》书影

越之际”，而西汉之后，史书中不再言“百越”之名，但越人仍大量存在于南方许多地区，且活动频繁。唐之后，越之名渐渐不见于史籍中。对于诸多的越人支系，学者们倾向于侗族先民与骆越关系最为密切，其主要分布于岭南地区，东汉、魏晋、南北朝时期至唐宋，逐渐分化为俚人、乌浒人、僚人等族群，元明清时期则向今壮、侗、布依、仫佬、毛南、黎等壮侗语族民族发展。显然，侗族古歌中所言“祖先来自江西、广西、广东”并非空穴来风。同时，我们也要看到，在中国这样一个族群众多、交往频繁的统一多民族国家里，纯粹血统的民族往往是不存在的。事实上，侗族无论是过去还是现在，在其族体发展的过程中，都不同程度上糅杂了大量其他族群成分，汉变侗、侗变汉的现象至今仍在演绎。

第二章
反抗斗争 风云人物

“当兵就要当红军，手拿刀枪杀敌人；打倒土豪分田地，工农翻身享太平。”崇尚自由，追求公正，热爱和平，是侗族人的品性。然而，历史的天空并不总是风和日丽、电闪雷鸣、狂风暴雨也会不时侵扰侗族人安宁、和谐的生活。在封建时代和近现代革命时期，面对统治阶级的压迫和剥削，面对外来侵略，面对国家的存亡，富于反抗精神的侗族人民或揭竿而起，或投身于革命洪流，在前赴后继的斗争中涌现出一大批英雄和革命志士，而“通道转兵”“黎平会议”则见证了侗族人民在历史关头对中国革命的大力支持，为民族解放做出了重要的贡献。

吴勉之歌

明洪武年间，由于中央王朝对侗族地区的统治逐渐深入，大量的屯军、屯民进入侗族地区，侗族人民受到的剥削日益加重，古歌唱道："在洪武年间，来了很多官兵。把我们侗家苗家，赶进深山老林。屯军跟踪追，官兵随影来。交税又纳粮，税粮齐摊派。一年收两回，两年又加倍。纳捐苛重，派款繁多。大户被搜穷，小户也刮光。男子苦难活，女子难出嫁。母亲忧伤眼哭肿，父亲愁苦被逼疯。"在此情形下，不堪忍受的侗族人民揭竿而起，爆发了多次农民起义，其中吴勉起义、林宽起义规模大、影响较深，在侗族民间叙事歌、款词、传说中都留下英雄们的事迹。

《侗族民间文学史》书影

吴勉是明五开卫上黄兰洞（今黎平县兰洞寨）人，传说他出生时有群鸟降于他家屋顶，周围被红光所包围，落地时他左手拿书，右手持鞭，书上有符，是为天书；鞭长3尺，能赶石抽山崩。他3岁便能满山跑，不惧虎豹；5岁能帮全寨人放牛。长大后的他，身材魁梧、英俊，深得姑娘们的爱慕。在他18岁那年，天不降雨，大旱使庄稼颗粒无收。但官家照收租催粮，寨老去谈判也无果，反而将其杀害。在无路可走、忍无可忍的情况下，吴勉于明洪武十一年（1378）率湘、黔、桂边区侗族农民在黎平揭竿而起。起义军曾一度击败靖州卫守兵300余人，震动朝野，后遭到官军镇压，被迫回师黎平，在今茅贡乡一带的深山密林中继续战斗。

洪武十八年（1385）六月，吴勉再次举行起义，古州（今榕江）一带的一些土官也积极响应，义军很快发展到20万众，威震三省边区侗族聚居地。随后朝廷派总兵杨仲名领大军前来镇压，因敌我力量悬殊，吴勉军只好边退边打，官军则一路烧村掠寨，"王朝大官，带来四十八万兵马，从下面杀上来。踩山山动，踩谷谷烂；踩江江断流，踩河河枯干。田里塘都崩垮，禾谷草根都吃完”，义军最后因寡不敌众而失败，吴勉也被杀害。起义虽然失败了，但英雄的事迹仍在传唱：

从前吴勉栽树根朝天，如今只见树来不见人。

不知吴勉几时再转来？好像江水一去不回程。

江水也有倒流日，吴勉也会再回生。

姜映芳之歌

▲

《苗疆闻见录》书影

1833年，在贵州天柱县岔溪一个侗族家庭降生了一名男孩儿，他就是1855年率侗族农民起义的姜映芳。晚清时期的贵州，地主盘剥十分严重，如《天柱县志》记载说：“青黄不接时，借谷一石，一月之内还二至三石。”徐家干所著《苗疆闻见录》亦载：“苗疆向有汉奸，往往乘机盘剥。凡遇青黄不接之时，则以己所有者贷之，如借谷一石，议限秋收归还则二石、三石不等，名曰‘断头谷’。借钱借米亦皆准此折算。甚有一酒一肉积至多时变抵田产数十百金者。”许多人家常常是旧债未还，新债又至，不得已只能将田地、儿女抵押，甚至流落他乡异地，或沦为长工、雇工。不堪言状的侗族人民在太平天国革命运动的影响下，跟随姜映芳揭竿而起。义军提出“大户人家欠我钱，中户人家你莫言，小户人家跟我走，打倒大户来分田”的口号，赢得了广大农民的拥护和支持，纷纷加入起义队伍，并转战于天柱、三穗、剑河、玉屏以及邻近湖南侗族地区，给予清军沉重打击。欢欣鼓舞的百姓在歌中唱道：

姜王带兵打王寨，又派大兵打玉屏。

五月打开王寨汛，六月打到晃州城。

玉屏城内打一仗，消灭敌兵三千人。

姜王名声震天下，文武百官几万人。

打死官府除民害，打倒大户救穷人。

田地分给穷人种，丰衣足食笑盈盈。

同治元年（1862），由于叛徒的出卖，姜映芳被捕就义，起义军后在陈大陆的领导下继续坚持斗争六年之久，这次起义是清代咸同年间规模和影响最大的侗族农民起义。英雄远走，悲痛的百姓用歌声表达了自己的哀思和崇敬之情：

姜映芳，听你被害泪汪汪。你是人死英雄在，万古千秋姓名香。

姜映芳，你是侗家好儿郎。成仁取义留正气，麝过青山草木香。

明清以来的侗族人民斗争虽然都遭到了镇压，但他们英勇不屈的革命精神激励着一代又一代的侗族人民，推动了侗族社会历史的发展。

革命烈士龙大道

第一次国内革命战争时期，湘黔等地的侗族人民，积极参与革命斗争，涌现出一大批杰出的革命志士，龙大道就是其中之一。

龙大道，字坦之，原名龙康庄，1901年10月6日出生于今贵州省锦屏县茅坪村一个侗族小木材商家庭。龙大道从小学习认真刻苦，1918年考入私立武昌中华大学附中读书。在那里，他受到恽代英影响，阅读了大量宣传新文化、新思想的进步书刊，开始参加学生爱国运动。之后曾到南京读书，后又入天津南开大学学习，积极参加革命活动。1922年考入上海大学社会学系学习，接受了邓中夏、瞿秋白等人的革命思想，阅读了宣传马克思主义的革命刊物《向导》《新青年》《前锋》等，思想觉悟发生很大转变。1923年11月加入中国共产党，为纪念自己政治生命的新生，龙大道将原名“康庄”改为“大道”，以示矢志不渝为党的事业奋斗终生的坚强决心，并成长为中国工人运动的先驱者和活动家。

1924年9月，龙大道被党派到苏联莫斯科东方大学学习，在那里，他接受了更为系统的马列主义教育。1925年7月，他回国到上海从事工人运动。1926年5月，龙大道被任命为中共上海曹家渡部委书记兼工人部部长；9月调到上海总工会组织部工作，后任中共闸北部委书记。1927年1月任上海总工会主席团委员兼秘书长，参与领导上海工人第二次武装起义的组织发动工作；3月任上海总工会常务委员兼经济斗争部主任，21日，上海工人在周恩来、罗亦农、赵世炎的直接领导和指挥下，举行了第三次武装起义，龙大道协助周恩来、赵世炎一起指挥闸北地区的战斗，带领工人英勇冲锋陷阵，取得起义的胜利。

龙大道烈士故居

四一二反革命政变发生时，龙大道指挥工人纠察队进行抵抗，身受重伤，后转移至武汉。1927年4月、6月，龙大道先后出席了中国共产党第五次全国代表大会、中华全国总工会第四次全国劳动大会，会后留在中华全国总工会和湖北省总工会工作。

大革命失败后，化名赵庄去汉阳兵工厂组织工人罢工，不久被国民党军警逮捕入狱。面对敌人的酷刑和威逼利诱，他坚贞不屈，不久经过周密准备，带领几十名难友越狱脱险。1928年3月返回上海，4月被党中央派到浙江，以中学教员身份为掩护开展革命工作。5月任中共浙江省委常务委员、代理书记，主持省委日常工作，同时深入基层调查研究，指导革命斗争。与此同时，他经常用化名，以犀利的笔锋揭露时弊，针砭当局。12月被党中央调回上海。1930年初任上海总工会秘书长兼上海市各界人民自由运动大同盟主席、党团书记。

1931年1月17日，由于叛徒出卖，龙大道等人被国民党当局逮捕。2月7日，龙大道与林育南等24位同志在上海龙华惨遭杀害，年仅30岁。

中华人民共和国成立后，龙大道等24位烈士的遗骨被移葬于龙华革命烈士陵园，供后人瞻仰。

共和国大将——粟裕

说起淮海战役的指挥将领，不得不提到中国无产阶级革命家、军事家，中华人民共和国十大大将之首，侗族人民的优秀儿

粟裕

子——粟裕。

粟裕，1907年8月出生于湖南省怀化市会同县伏龙乡（今坪村）枫木树脚村一个侗族家庭。原名粟多珍，曾用名粟志裕。少年时代的粟裕同情劳苦大众，痛恨军阀蹂躏百姓的暴行。1918年入会同县立第一高等小学读书。1924年3月，入湖南省立第二师范学校（常德）附小和平民中学学习，1925年春，考上省立二师，被安排到叶挺二十四师教导大队，任学员班长。1926年11月，粟裕加入中国共产主义青年团。在白色恐怖、革命低潮时期，1927年，他投笔从戎，参加了叶挺领导的国民革命军，转为中国共产党党员，坚定地走上了革命军队的行列。同年8月1日，参加了著名的南昌起义，任起义军总指挥部警卫队班长。1928年后，他在毛泽东、朱德等人的领导下，参加了创建中央革命根据地的斗争和第一至第五次反“围剿”，因屡立战功，从基层逐渐锻炼成长为一名优秀的高级指挥员。1934年7月，粟裕调任红十军团参谋长，率部转战于闽、浙、赣、皖，孤军作战，宣传党的抗日主张。1935年1月，粟裕任新组成的中国工农红军挺进师师长，开创了浙南游击根据地，在极端困难的情况下，多次打破敌人的“围剿”。三年多的游击战，牵制了国民党大量兵力，从战略上配合了主力红军北上的行动，成为中国革命在南方的一个支点。

抗日战争爆发后，粟裕任新四军第二支队副司令员，并执行中央关于深入敌后开展独立自主的游击战争、创建抗日根据地的方针，毅然率部挺进江南敌后。韦岗告捷及黄桥一役，奠定了新四军苏北根据地的基础，打开了华中抗战的新局面。1941年1月皖南事变后，粟裕任新四军第一师师长、苏中军区司令员兼政治委员、中共苏中区委员会书记，领导苏中军民粉碎了日伪军多次残酷的“扫荡”“清剿”“清乡”，歼敌数千人，把苏中建成了华中地区一块坚强的革命根据地。1944年底，他奉命率部挺进江南，担任苏浙军区司令员兼政治委员、中共苏浙区委员会书记，执行向苏浙皖敌后发展的任务，出色地指挥了天目山三次自卫

粟裕纪念堂

战，巩固和发展了苏南、浙东抗日根据地，开创了浙西抗日根据地，在全军范围内率先实现了由游击战向运动战的转变，为我军进行大规模的运动战、歼灭战积累了丰富的经验。

解放战争时期，是粟裕作为军事家的辉煌时期。1945年11月，粟裕任华中野战军司令员，此后，他与陈毅相配合，挑起了华东战场战役指挥的重担，指挥了宿北战役、鲁南战役、莱芜战役、孟良崮战役、沙土集等著名战役。1948年5月，任华东野战军代司令员兼代政委，指挥了豫东战役、济南战役。1948年11月，粟裕作为以邓小平为书记的淮海战役总前委成员，参与指挥了淮海战役，并直接指挥华东野战军作战，毛泽东说："淮海战役，粟裕同志立了第一功。"继又参加指挥了京沪杭战役，渡长江，解放了南京、杭州、上海。华东野战军、第三野战军的光辉战绩，粟裕起到了决定性作用。

新中国成立后，粟裕历任解放台湾工作委员会主任、中国人民革命军事委员会副总参谋长、中国人民解放军总参谋长、国防部副部长、军事科学院副院长、第一政治委员，中共中央军委常务委员，是中共第八届至第十一届中央委员，第一至第三届国防委员会委员，第三至第五届全国人大常委会副委员长，中共中央顾问委员会常委。1955年9月27日，被授予大将军衔，获一级八一勋章、一级独立自由勋章和一级解放勋章。1984年2月5日，

栗裕骨灰安放处

粟裕因病在北京逝世，享年77岁。

粟裕大将戎马一生，搏击沙场，雄才大略，战功显赫，建树了伟大的功勋。刘伯承赞扬他："百战百胜，是解放军最优秀的将领之一"；陈毅说："粟裕将军的战役指挥，一贯保持其常胜纪录，愈出愈奇，愈打愈妙。"在他战斗的一生中，处处表现出为革命事业勇挑重担、无所畏惧、一往无前的斗争精神。在残酷的战场上，粟裕先后6次负伤，有三块弹片在他的头颅中留存长达54年之久。为缅怀这位为革命奉献毕生精力的伟大军事家，1987年于江苏省东台市三仓镇陵园北部建立了"粟裕纪念堂"、于湖南省会同县城南郊粟裕公园建"粟裕纪念馆"，纪念馆（堂）保留了大量的文献资料和图片，供后人参观、缅怀，以及研究其卓越的军事思想。

上将杨至成

有"红军大管家""后勤之父"之称的开国上将杨至成，1903年出生在贵州省三穗县城郊的一个侗族家庭，1918年考上贵州省甲种农业学校，毕业后考上广州黄埔军校第五期。1926年，黄埔军校部分师生迁武汉。1927年，他参加中央独立师粉碎了夏斗寅向武汉的进攻，7月加入了中国共产党。随后参加了南昌起义，1928年1月又参加朱德、陈毅领导的湘南起义，保卫井冈山的五斗江、草市幼、七溪岭战斗。1929—1932年，杨至成曾历任红四军副官长、十二军副官长、红军军事政治学校务部长、红军总兵站站长。1933年1月，任中央革命军事委员会总供给部长兼政委，担负起中央革命根据地第四次反“围剿”后勤供给的重任，负责建兵工厂、武器弹药、医药以及军服、粮草等物资的采购、生产、供给等。

杨至成将军

1934年10月，杨至成随中央红军参加长征。遵义会议后，任军委先遣工作团主任，担负起打通前进道路和筹集粮食物资供给后续部队的重任。长征结束后，曾任红一方面军后勤部长、中央军委总供给部长兼黄河两延（延长、延川）卫戍司令员、抗大军政大学校务部长。1938年秋，因身体原因和工作需要，杨至成前往苏联陆军大学（伏龙芝军事学院）学习军事理论和后方勤务。

1946年1月，杨至成回国，被任命为东北民主联军后勤部政委，后又改任东北人民解放军军需部长，负责整个东北人民解放军的后勤建设和物资供给。

新中国成立后，杨至成历任中南军区第一副参谋长兼后勤部长、中国人民解放军武装力量监察部副部长、军事科学院副院长、高等军事学院副院长、国防委员会委员等职。1955年被授予上将军衔。由于长年的积劳成疾以及战争年代的伤病，1967年2月3日杨至成将军在北京逝世。

记载了侗族优秀儿女粟裕、龙大道、杨至成事迹的《侗族百年实录》书影

第三章
水稻农耕
林渔兼作

侗族是一个以稻作农耕为主要生计方式的民族，其稻作历史悠久，耕作制度、耕作方式精细。20世纪50年代以前，许多地区的侗族以种植糯稻为主，品种繁多的糯稻，不仅适应了不同土质的稻田，也蓄养和维系了多样的生物资源，在人与自然中建立起互惠、和谐共存的机制，至今仍具有重要的借鉴价值。除了种植水稻，农闲之余，侗族人也从事林业、捕鱼、纺织等副业，在自给自足之时，形成了一整套富有生态意义的经验，由此也使侗族地区经年保持青山绿水的良好环境。

精细的稻作农耕

“千般植物都结果，真正养人是五谷”，“没有人种田，众人嘴要闲”，侗族的稻作农耕有着悠久的历史，但起源于何时，史书无明确记载，不过，在姜良姜妹斗雷婆的传说中，已有了种“稻”的说法。从有关考古和文献记载来看，作为百越人的后裔，侗族的水稻种植应与之有紧密联系。百越民族是我国栽培稻最早的驯化者之一，在历史上百越的分布区，发现了大量的栽培稻遗存，如在湖南道县玉蟾岩、江西万年县仙人洞和吊桶岩、浙江浦江县上山等新石器时代早期遗址中，均发现有距今10 000年以前的近栽培稻或古栽培稻遗存，其他还有河姆渡新石器时代遗址（距今

黎平堂安侗寨

约7 000年前）、广东马坝石硖新石器时代遗址（距今约5 000年）、上海青浦崧泽遗址（距今约6 000年）、江苏唯亭草鞋山遗址（距今约6 000年）等等。侗族主要分布在亚热带低地河谷，这些地区终年温和湿润，年降水量在1 200毫米左右，年平均气温在16℃以上，冬无严寒，夏无酷暑，良好的自然环境，为侗族农业生产的发展创造了极为有利的条件。因而，适应其生境，侗族先民在几千年前就已发展出稻作农耕生计方式，如在湖南靖州县的新石器遗址中发现了炭化稻，说明早在4 000—5 000年前，这一地区滨水的居民就已开始了水稻种植。不仅如此，在长期的生产实践活动中，侗族民间还形成了许多固有的生产习俗和生产经验及技术，且与其生境有较好的互动，如使用畜力耕种、稻田养鱼、多种稻谷品种的培育、病虫害防治、充分利用自然环境的水利灌溉系统、植物化肥和农家肥的使用、休耕等，使这一生计方式与生态环境处于一种相对平衡的状态。

准备育秧

秧苗

耕地是实施农耕的主要前提，侗族人一般将耕地主要划分为水田、旱地、园地、火烟地等。水田又可分为坝子田、塝上田、山冲田和高坡梯田四种。同时，按水利、阳光、土质等自然条件，水田一般又可分为三等，等级越低，所费工也越大。水田主要种植水稻，旱地多种植棉花、蓝靛、杂粮、蔬菜等，园地则是

堂安梯田

春到侗寨

房前屋后或村寨附近以种植蔬菜为主的耕地。

历史上侗族主要实行水稻一熟制耕作，种植单季稻，且以糯稻为主。一般而言，多数水田是一犁三耙或二犁三耕，经过挖翻一次，打碎一次，3月开始耙头道，同月下旬耙第二道，4月初耙第三道，并开始割田坎草、糊田基，将割下的草踩没于田中，使之沤烂作基肥，4月底栽插秧苗，最迟也不过5月初。栽秧后半月左右即行薅头道田，薅烂泥田时用脚踩拔。再过20天薅第二道田，如有肥料，可追肥一次，并割田基草，将杂草放入禾田行间踩入泥中做绿肥。还有的薅三道田。7月中旬，稻禾开始抽穗，俗语说，“见面四十天”，即抽穗后40天，至8月下旬，稻谷成熟即可收割。侗族民间俗语称“女子巧不巧，看了布边就知道。男子勤不勤，看了田边就了然。”田埂边的杂草易影响稻谷的光照和通风透气，同时也易滋生虫害、鼠害。所以，村民们要时常到田边清除杂草，并将这些杂草拿回家喂牛、垫牛厩、堆肥，一举多得。

侗族人传统的水稻种植十分重视施肥，且因地制宜，“量体裁衣，看苗施肥”，“夏施追肥十担，不如冬施底肥一担”，“底肥不足苗不长，追肥不足苗不旺”，肥料来源十分生态，如《车江乡志》载，新中国成立前，车江侗族人“种田所用之肥料，仅系牛粪、猪粪、大粪、树叶”而已。可以说，20世纪50年代前，大多数地方的侗族人不知农药为何物，田间地头所施用的肥料均为天然的有机肥，包括绿肥、家肥和土杂肥。过去侗族人主要种植一季稻，冬季有的稻田种植油菜，尽可能不过度使用土地，常常采用休耕泡冬田的方式让土地逐渐恢复地力，以利来年的种植，民间有“挑粪着田，不如犁田过年”，“担粪下田，不如泡冬过年”的民谣。泡冬田一般是水稻收割后就开始犁田，然后再往田中灌水，利用秋末冬初气温尚高的条件，使有机质在厌气状态下分解，利于向腐殖化方向发展，提高土壤肥力。有的结合冬粪再耙一次，来年再犁耙一次即可插秧。由于稻田常年蓄水，无形中形成了一片片湿地，极大地改善着侗族地区的生态环境。如果使用肥料，亦多用自然的方式积肥。肥料的来源主要有几种：一是收割稻谷后留在田里的部分秆、根等，让其自然腐熟后成为肥料。过去侗族青年男女在春暖时节，相约到田里“踩禾蔸”，一边谈笑，一边将留在稻田秆、根、叶等踩进泥里，既有效地劳动生产，又娱乐了生活；二是栽种绿肥。绿肥一般有秋季绿肥和冬

泡冬田

▲

灌溉

农家肥 ▶

季绿肥，品种有紫云英、萝卜花、苕子、野豌豆、小油菜等，一些地方泡冬田还撒播浮萍；三是杂物堆肥，即土杂肥。过去许多人家会在田地旁或住宅附近留出小块空地，生活垃圾、枯枝败叶、稻草、畜禽粪便、塘泥、烧火灰、草皮、茶油枯、菜油枯等均在此堆积起来，使之腐熟，待耕种之时，即可撒置田地中成为肥料；四是草粪堆肥。有的人家在家里的牛圈里的一旁堆上稻草或各种杂草，牲畜的粪便（有时也会泼上些人尿）与稻草相互混合发酵腐熟后即可成为上好的肥料；五是采秧青或讨秧青。每年的三四月，一些地方的侗族人要到山上采摘青枝嫩叶，置于田中，并犁土于其上，让其自然腐熟后作为稻田的底肥；六是草木灰。有的是将田埂旁的杂草晾干后焚烧成灰入田，还有的是在稻田附近的山坡上焚烧杂草和枯枝败叶，之后通过雨水冲刷流入田地里，以此方式来养田，增加肥力。此外，还有的将阴沟或排水沟中的肥泥抬到田里作肥，既清理了水沟，又增加了稻田的肥力，“善积草木灰，红薯出大堆”。对于旱地，侗族人也十分重视其肥力的保持，所用肥料多为人畜粪便和草木灰。正是因为长期保持着十分环保的种植方式，使得侗族地区长期以来形成了诗意般的田园风光。

对病虫害的防治，在新中国成立前，侗族人或以鲤鱼、鲫鱼等水产动物防治根叶甲、二化螟，或以“捞篼”捕捉、放鸭子啄食等方法防治蝗虫，或以陷阱、套绳等预防危害庄稼的野兽，或以粘膏、套绳、“风弓”“水碓”“稻草人”等方法防治雀害。同时，由于生态环境较好，田里的青蛙和山上的鸟也较多，它们常以稻田里的虫子为食，也一定程度上起到了病虫害的防治。至于田里出现了鼠害，传统的做法是开田放水，田里的小鱼、细虾吸引了老鼠，由此也会减少些鼠害。另外，还可用鼠夹、鼠笼等工

具来捕鼠、灭鼠。还需提及的是，侗族许多地区所种植的糯稻品种不仅适宜在冷、阴、烂、锈的稻田里生长，耐阴雨低温，同时这些品种亦多长芒，有的品种长芒达12厘米以上，且尖端锋利，有效地避免了鸟、兽、鼠等动物的侵袭。特别有意思的是，因为侗族人传统上从不使用农药，故有些害虫还常被人们捕捉作为美味佳肴食用。

▲ 山水村落 程阳

◀ 风车

侗族人十分勤劳，一年的农事活动安排得井井有条：正月砍

石碓

柴堆放，二月翻地拓荒，三月浸种下秧，四月耙练田塘，五月耨牛催膘，六月种棉薅苗，七月修割田坎，八月铲茶油山，九月铡禾上晾，十月放禾归仓，冬月修补田塘，腊月齐家欢畅。

农业文化遗产——稻鱼鸭种养

稻—鱼—鸭种养是使稻、鸭、鱼三者在特定的条件下，利用生物之间生长时令的差异和时空条件，避免和控制生物间的制约性，以协调好稻、鱼、鸭三者之间的关系，达到共生。涉及的主要技术措施有田块的选择及工程、耕作形式、鱼种投放时间及搭配比例、鸭放养量及放养时间、饲养管理和疾病防治等。这是一种可持续发展、种养结合的生态农业形式，使稻与鱼、鸭有机结合，形成鱼对稻、鸭对稻和鸭对鱼共生、互利互促的生态农业系统，不仅可以提高整体的稻田生态系统功能，而且还大大提高了稻田的产出和效益。

“水里有鱼，田里有稻”，侗族稻鱼鸭种养方式源于何时，无确切文献记载。不过，在《史记·货殖列传》记载道：“楚越之地，地广人希，饭稻羹鱼，或火耕而水耨，果隋蠃蛤，不待贾而足，地埶饶食，无饥馑之患，以故呰窳偷生，无积聚而多贫。是故江、淮以南，无冻饿之人，亦无千金之家。”说明越人自古就有种稻养鱼之习。明清时，有关侗族地区养鱼种稻的记载逐渐增多，如《黎平府志·物产》（卷三）记载说：“草鱼、鲢鱼黎郡皆池畜之……谚语：一草养三鲢，三鲢养九鲤”，“诚州山国也，而家家凿池畜鱼，取之甚至便，其种有三：曰鲤、曰鲢、曰草鱼”等，可见其时养鱼之盛，种类则以鲤鱼、鲢鱼、草鱼为多。侗族所居之地地处江河溪流，鱼虾甚多，捕鱼捞虾是许多男子的喜好。不仅如此，许多侗寨还在房前屋后、村头寨尾开挖鱼塘，一是为防火所用，二是聚财气之说，更为重要一点，是能养鱼放

◀ 村寨鱼塘

鸭，鱼塘多为繁殖鱼苗和放种鱼之处。由于侗族过去以种高秆糯稻为主，水深秆高，为鱼鸭提供了生长的空间。

侗族地区的稻鱼鸭种养方式有二种，或稻鱼种养，或稻鱼鸭种养，主要视稻田的位置、稻谷的品种、水源、肥力等而定。在放养技术方面，主要是解决好稻和鱼的种养时间与比例问题，同时也要视稻田的肥力、水源状况而定。由于每一块稻田的环境及资源有限，鱼如放多了，稻田里没有足够的饵料供应，则鱼不易长大；放少了，稻田中的杂草、害虫等不能除净，鱼排出的粪便也达不到滋养稻谷的作用。在一些地方，人们认为山冲田保水，水温适宜鱼儿生长；坝子田水温太高，且易受到洪水影响，故不利于鱼儿生长；而梯田肥力不足，水源供应不好，亦不利于鱼儿生长。所以，侗族人长期以来总结出许多宝贵的经验，尽可能使鱼、稻都获得丰收。一般来说，种植中稻多以粳稻、糯稻为主。中稻插秧5天后，就可以蓄水养鱼。一般每亩放养1寸规格左右的鲤鱼150~200尾左右，草鱼10~20尾为宜。草鱼长至1市斤时，需迁进鱼塘放养，否则会影响水稻生长。早稻插秧在4月中下旬，与“三月鲤”放养的时间有矛盾，因此，侗族人家先把“三月鲤”寄养在池塘或未插秧的中稻田里。待早稻插秧25天后再转移到大田放养。早稻田一般不养草鱼，晚稻田主要放养“七月鲤”。

稻田养鱼还需要处理好养鱼与晒田的矛盾。水稻种植大多数要进行晒田，晒田之前，要先挖好鱼沟鱼坑，晒田时将鱼赶入沟、坑内，晒田后复出水田。增施农家肥，为稻鱼提供充足养料。稻田青草绿肥丰富，浮游生物和底栖动物较多，多施农家肥可以使粮鱼双丰收。稻田的进水口要用竹片和杉木条设置拦鱼网。鱼沟、鱼坑要用带叶树枝盖阴棚，供鱼栖息、避暑。此外，稻田养鱼还需管理好水，侗族民间称："吃饭吃流汗，吃鱼吃脚皮"，意即要勤于看田水，稻谷和鱼儿生长的不同时期，对田水的要求不尽相同，所以只有管理好田水才能实现鱼稻双丰收。广西三江县良口乡晒江村和洋溪乡信侗村著名的"禾花鲤"，即在稻田里混养，因不放任何合成饲料喂养，鱼肉鲜嫩香甜而盛名在外。

对许多地区的侗族人来说，稻田不仅是鱼儿生长的良好场所，也是放养鸭子的好地方，由此形成了稻、鱼、鸭立体式的种养方式。侗族人饲养的本地鸭个体小，出肉率和产蛋率都很高，口感也好。传统上，人们往往等鱼儿稍长大些后就在稻田里放养鸭子，一方面可避免鸭子啄死小鱼，另一方面，鸭子入田，其粪便既可喂养鱼儿，也可啄食一些虫子，如卷叶虫，对稻谷生长极为有利，同时，因糯稻植株粗高，即使结穗时，亦可避免被鸭子啄食，它们之间于是形成了一个微观的生态系统，各种生物各循其生存之道，和谐并存，人也从其中获得了安全、味美、营养丰富的物质。

稻田里的鸭

稻田养鱼或稻鱼鸭共生即稻鱼鸭种养，是侗族农耕种植中极具智慧的一种耕作方式。这种立体式的农业与饲养业的有机结合，不仅最大限度利用了自然生境所提供的资源，满足了人们日常生活的粮食及蛋白质需求，同时也使稻田的生态结构得到有效改造，对自然环境的负面影响降到极低程度，形成了人与自然的和谐相处，达到了源于自然回馈自然的基本目的。

烧鱼

田鱼

2011年6月9日至12日，由联合国粮农组织主办，中科院地理科学与资源研究所承办的“全球重要农业文化遗产国际论坛”在北京举行，贵州省从江县侗乡稻鱼鸭复合系统获得联合国粮农组织颁发的全球重要农业文化遗产保护地证书，从江成为我国继浙江青田县、云南红河州、江西万年县之后第四个农业文化遗产保护点。侗族“稻—鱼—鸭”传统生计方式具有多重价值。在生态价值方面，具有有效控制病虫草害、减少甲烷排放、蓄洪和储养水源、保护生物多样性和提高土壤肥力；在社会价值方面，稻鱼鸭生计方式是侗族先民在长期适应自然的情况下形成的特有生产方式和土地利用方式，实现天然的立体农业生产，有效缓解人地矛盾，在相同的土地面积上既提供植物蛋白又提供动物蛋白，不使用化肥农药，确保人类所需的营养物质和食品安全。尤其在如今土地污染越来越严重的形势下，侗族这一耕作方式无疑具有重要的启示意义；在民族文化价值方面，包括了侗族稻作农耕文化及其与之密切相关的宗教礼仪、风俗习惯、民间文艺和饮食文化，形成了一个整体性的文化结构。可以说，促进传统生计方式的保护，也维护着文化多样性和良好的生态环境。

如今，由于杂交稻的广泛种植，以及农药、化肥的普遍使用，加上劳动力的大量外出，侗族地区传统的稻作农耕正面临着继替和可持续发展的问题，稻鱼鸭的种养方式也越来越少，传统文化日益式微。

糯禾飘香

“侗不离糯”，糯禾种植既是侗族生计方式的主要特点，也是其文化建构的重要基础。侗族种糯禾的历史有多久，我们已不知晓。不过，在侗族起源歌、迁徙歌中均提到了“禾”，如《侗族祖先哪里来》说道：“寨头足有五千把的面积大，寨脚也有五百把的面积宽。”直到20世纪50年代中期前，南部地区的许多侗族村寨仍以种植糯稻为主，有的地方糯稻种植面积占水田面积的90%以上，有“糯谷之乡”的美誉。在山区的一些侗寨，虽然也种植黏稻，但人们主要用于喂鸡鸭猪等畜禽，所种面积极少，有的甚至称为“猪谷”“鸡谷”。即使在一些侗族聚居的坝区，黏稻的传入也是清代以后的事。侗族人对糯稻的称谓有“禾”和“谷”。谷既可以是糯，也可以是非糯，但禾却特指糯。作为谷的糯，一般用镰刀收割后可以在田间用谷斗脱粒；作为禾的糯，多为高秆，不易脱粒（以前多在石板上用木棒反复搓揉），多用摘禾刀一根根摘穗。收割后，常茎对

摘禾用的“刀”

▲

占里村糯禾稻田

茎向内，穗头向外，一根根叠放在一起，按一定分量（约15~30公斤）捆扎起来，称之为“把”，挂在村寨外面或寨子内粮仓旁的禾晾架上，这一收割方式既减少了晾晒稻谷所需的空间，以及种子混杂的机会，同时也给秋天的村寨增添了一道亮丽的景色。吃糯米饭、喝糯米酒，在许多侗族人看来，是生活的一大享受和乐趣。

知识链接 “把”是糯禾捆扎方式的称呼。

侗族传统的糯稻株高粗壮，根系发达，叶茂而壮，穗粒饱满。因多种于冷凉荫湿之地，储水较多，生长期长，故一般每亩产量不高，但品质甚佳，口感好，营养丰富，具有携带方便、不易变质、耐饥饿、不用菜亦可口等特点。在长期的生产实践中，侗族人培育出许多糯稻品种，以适应不同的稻田环境，“种田不换种，累得背打拱”，历史上，仅贵州侗族地区，计有糯稻品种40多个。清代黎平府就有大穗糯、红广糯、黄丝糯、三可寸、四

▲

侗乡香禾糯

可寸、秃头糯、鸡爪糯、冷水糯、红米糯、迟黄糯、旱糯等糯稻品种。又如光绪《古州厅志》卷四“食货志”不仅记载了当地的糯稻品种，且对其适宜的稻田也做了记载，“稬谷之种数十。其秧及三旬，不择地而栽者曰大穗稬，曰红广稬，曰白广稬，曰金钗稬，其及三旬，必肥田可栽者，曰早黄稬，曰黄丝稬，曰黑芒稬，曰三可寸，曰四可寸（两种粒米极长，可作茶食），曰秃头稬，曰鸡爪稬，与籼稻相似（二种结穗无芒）；其及四旬，虽瘠田可栽者，曰冷水稬，曰红米稬，曰迟黄稬，种亦薄收。又有旱秧可栽陆地者，皆谷雨前后种，寒露前后收。”榕江车江寨曾有香禾糯、早容禾糯、迟容禾糯、光头禾糯、红米糯、黑芒糯、黄丝糯、鸡爪糯、隆安糯、干田糯等。香禾糯有“糯中之王”美誉，香甜可口，有“一家炊饮全寨香，一亩香糯十里香”之誉。再如位于贵州省黎平县和从江县交界的黄岗村，在“糯改粘”和“粘改杂”的过程中，由于一些寨老的坚持，使一些传统的糯稻品种得以保存下来，据一些学者的调查，该村现存的传统糯稻品

侗乡香禾糯
大丰收

种约有24个，如新列株糯、老列株糯、森林糯、万年糯、龙图糯、老牛毛糯、小牛毛糯等。过去黄岗村曾种植一种叫作“苟羊当”的糯稻品种，这种糯稻生长期长，喜水温、土温偏低的烂泥土，据说，一家蒸“苟羊当”，全寨都能闻其香。此外还有白糯、长须糯、秃壳糯、旱地糯、荣帕糯、竹岔糯、野猪糯等。在湖南通道的阳烂村，过去流行的糯稻品种有30多种，如荣帕、荣帕巴、多贝、永呀、永帕多、永妙等（均为侗语音译），而现今仅保存多贝和永帕两种。

稻种的选择和培育，除了选择较好良田的成片稻谷、穗粒外，侗族人还通过跨地域、跨村落、跨家族的民间社交活动和年节交际进行交换、引进，到本地后经过驯化或培育，使之逐渐适应该地区的生长环境，从而增加新的稻谷品种，形成品种的多样性，以促进稻谷品种的不断改良。这些活动如“吃乡思”“月地瓦”等。通过集市贸易也是侗族人获取稻谷品种的渠道之一。除了本地传统的品种外，从外来引入的品种往往要经过育种的过程。在一些侗族村寨，这一工作多由老人们来担任。老人们先在自家或本家族内的小块土地上试种，如果培育成功，即与村民们共享。村民或以同量糯谷交换，或帮助老人砍柴、做家务等，以感谢其辛劳。

稻谷种植的主要功能是为人们提供粮食，以解决基本的生存

用糯稻草包裹的糯米饭

用糯米制成的油茶

问题。不过，对侗族而言，稻谷种植也是其民间许多文化的载体。在侗族民间，广泛流传着《青蛙南海取稻种》《狗渡海取谷种》的故事。说明了稻谷种植在民间种植的久远历史。糯稻的颖果即糯米，过去多用脚碓、水碓和石碾的办法加工，现在基本上都用电动打米机。糯米曾是侗族人的日常主食，以之为原料加工的食品，在侗族地区俯拾皆是，如糯米粑粑、粽子、糖糕、扁米、米酒、甜酒、炒米、米花、麻叶以及腌制鱼肉食品的佐料等。不仅如此，糯米还在宗教信仰、婚丧嫁娶、走亲访友、建房盖屋等社会活动中，是必不可少的中介物。糯稻秆看似废弃之物，却在侗族人的日常生活中有多种功用，可以之捆扎东西，如菜、鸡蛋等，烧成灰后所制成的灰水可洗头、洗衣、染布、染米等，糯稻草灰水具有较强的碱性，洗涤的衣物洁净、光鲜。侗族编织自古享有盛名，其中许多程序均与糯稻有关，如浣线，即对导出的线圈用稻草灰水进行浆洗，可起到漂白、脱脂的作用，使纱线洁白、平直和蓬松。由于糯稻草灰水的碱性作用，在制蓝靛时也时常用上。而以灰水洗头，在一些侗族民间还流传着动人的故事。稻草灰水在民间还有打胎的功效。除了人们日常生活所用外，当母牛生产时，糯稻秆还可用于包裹小牛，切细后的糯稻秆与其他精饲料杂拌，是产牛的上好食料。此外，淘米水经发酵过滤后，也是妇女们洗头的佳品，具有养发、护发的作用，且生态环保。另，糯稻根可以治病，“稻是一篼大补药”。糯米可制作粘鸟的食物，稻草秆还可做蒸布和腌鱼肉的隔层、用作编制装蛋的套子、包裹糯米饭的器具，稻芯可编制草鞋、绳索、草标（在物品处用稻草打上特制的标志，以起警示作用等作用），稻草还可用作床褥，糯米还可作黏合剂、鞋底、鞋垫的布均以之黏合，等等。当然，舂米剩下的谷糠，可以喂猪、喂鸡鸭。一些地区侗族还用糯稻秆编织草龙游戏。可见，糯稻全身是宝，在侗族人的生活中不仅得到有效的利用，同时对环境没有造成破坏或污染，相反，与自然环境形成了良好的循环和互惠，具有积极的、可持续发展的生态效应。需要提及的是，20世纪50年代的侗族糯稻种植多为一季稻，冬季稻田或休耕或种植些油菜。由于劳动时间有限，使乡村民众有较多时间从事民间社会活动，如年节的“月也”、侗戏演出，青年男女的互助性劳动“月堆华”，日常的教歌、学歌，还有纺纱织布、编制竹器等等。与糯稻种植相关的许多农耕礼仪还贯穿于整个耕作过程，如开工仪式、开秧门、祭五谷神、舞春牛、洗禾剪等，成为农耕精神文化中重要的组成部分。由于稻谷种植在侗族民间具有极其重要的地位，故而在民间习惯法中，对破坏稻田和稻谷的行为均有惩罚措施，对其他一些失范的行为，又以稻谷作为赔偿物。可见，侗族的糯稻种植已形成其特有的文化体系，即物质文化、制度文化和精神文化互为表里和关照，反映出侗族人民在历史进程中的智慧创造。

田里的草标

然而，这一切似乎随着现代化的发展而渐渐衰微，糯稻已从人们日常生活中司空见惯的必需品逐渐演变为精神意义的中介物。20世纪50年代以来，尤其是80年代后，由于“糯改黏”的推行和杂交稻的普遍种植，在许多坝区的侗族村寨已较少种植糯稻，许多传统的糯稻品种由此而绝传，即使在一些偏远的山区，大多数传统的糯稻品种也处于濒危的境地。

杉林连绵

“年年栽树，代代有福”，“山靠森林秀，人靠衣遮羞”，“山清水就秀，山穷水就尽”，从事稻作的侗族人知道，“有水无粪三分收，有粪无水连根丢”，没有水，就没有田，没有田就没稻，没有稻，人就无以为生，而水之源则与山林密切相关，“山上无荫，大旱来临”。同时，侗族人的居住与村寨公共建筑、许多生产生活用品无一不是木头制作，林木成为侗族人须臾不可离的重要物质。正因为如此，侗族自古便有开山种树的习惯，并积累了育苗、移栽、培育、林粮间作等一整套植树经验和技术，民间有风景林、护寨林、桥头林、寺庙林、祭祀林、众山林、茶山林等。所栽树种以杉树为多，有“杉林之乡”的美誉。锦屏的“八

杉林、田园风光

年杉”、从江的“十年杉”都是侗族地区有名的速生树种。杉木生长快，材质轻韧，纹理通直，结构均匀，不易翘裂，且强度适中，加工容易，所含“杉脑”防虫耐腐，是建筑、家具、造船、器具的上好材料。

新中国成立前，清水江、都柳江、㵲水、渠水沿岸的一些侗族村寨，在夏秋之际，有集体到山上薅修山林的习俗。造林形式约有三种：一是山主自造，即在自家山地中植树；二是买山造林，即山主无能力自造，把荒山卖给别人去造，以后卖林木收入归买山造林者所有；三是承包造林，即山主无能力造林，又不愿意卖山，有能力造林者与山主商议，并请中间人写成契约，然后植树，一旦成材卖出，收益各得一半。

在长期的育林种树实践中，侗族人还形成了许多提高收成效益的经验，主要表现为套种方式。荒山造林时，有的第一年先在地里种上小米，第二年种玉米，并开始兼植杉树苗和点播油桐籽，以后则停耕育林。居住在广西龙胜平等寨的侗族有一种套种方法，叫“三五七制”。即在同一块土地上套种玉米籽、油桐籽和油茶籽。立秋之后，玉米成熟了，油桐、油茶也开始长高。次年，再种玉米或木薯，秋天收玉米或木薯，油桐、油茶苗也长得二三尺高。第三年不再种粮食作物而仅护苗，立冬则可收桐油果。三年后，桐果“红盖”渐枯，而油茶树却满枝茶果。故民间称之为“三年杂粮五年桐，七年茶果满山红”。锦屏县魁胆侗族人也在粮林间作中总结出一套经验，在他们看来，林粮间种以三年为宜，第一年种小米，第二三年种玉米。第一年间作以先炼山种上小米后再栽幼杉为好。炼山即砍荒草杂丛匀复地面，然后纵火焚尽，如此则可以烧死大部分的杂草籽、害虫、腐生真菌，减少病虫害，使表土有机质矿质化，变成可吸养分。而栽杉前，须先在炼垦好的山地上种上小米，可避免将粟撒在杉穴内，夺取穴内的水分和养分。至4月，一年生幼杉根系进入生长高峰期，已长高的粟苗对幼杉起到了保土护杉的作用。幼杉长至二三年，株身逐年增加，根系逐年扩展，短株浅根的小米也不适宜，即改为种玉米，让高于幼杉的农作物起到为幼杉遮阴的作用。林粮间作的最佳年限为三年，不足三年，则土壤耕层深度、疏松度和熟化度不够，幼杉的抗旱、耐强光的能力又差，极不利于幼杉成长。

杉林环绕

如果超过三年，幼杉进入速生期，继续套种粮食，则易伤枝叶，挖断根系，减少光合作用面积和吸收土壤水分与养分的能力，不利于幼杉成长。魁胆侗族正是依靠这些传统经验，使之达到了林茂粮丰的效益。黎平九龙一带的侗族也实行林粮套种，一般幼林种下，3—5年时间里，可套种红薯、玉米、棉花、大豆、辣椒、花生、土烟、药材等，既可管理庄稼，又可护理林木，便于其生长。

在不少侗族地区有种“十八年杉”的习俗，即当儿女出生时，栽上一片杉树，待儿女长大成人时，树木也长成材，正好做婚嫁用，故又称“姑娘林”“嫁妆林”。锦屏民间还流传这样的民谣：“十八杉，十八杉，姑娘生下就栽它，姑娘长到十八岁，跟随姑娘到婆家。”在通道侗族地区，民间不仅有女儿出生后上山栽杉的习俗，而且还有青年人结婚栽鸳鸯树、老年人做寿栽长寿树的习俗，形成了人人种树、寨寨植树、年年造林的良好风尚。此外，在其他一些侗族村寨还有在立春后第一天上山种杉树的习俗，称为“立春种杉，成林发家”。民间还有“家栽千蔸杉，子孙享荣华”的俗语。在黎平县茅贡腊洞村的一块《永记碑》记载了侗族吴传冷一家育杉秧、开山植树的业绩，并留下“无树则无以作栋梁，无材则无以兴家，欲求兴家，首栽树也”的古训。

侗族人不仅善种树，也善护树，对于那些乱砍滥伐者，在其

习惯法中均有惩罚措施。如清嘉庆二十年（1815）立于锦屏九南乡水口寨的《永世恩功》护林碑规定："大木若有盗伐者，罚银三两，招谢在外"，还有"不许砍伐枝桠，犯者，罚银五钱"。民国初年，从江小黄寨乡规民约曾规定："凡在封山地砍伐一木者，罚银百两，宰黄牛一头，泥鳅六十斤，分给各户。"通道播阳上湘在清咸丰元年（1851）所立的风水林"蓄禁碑"，至今仍完好无损地竖立着。马龙竹坪还保存着清代乾隆年间所立的"护林封禁碑"。菁芜洲下陈团寨，现仍尚存清代嘉庆时的"护林夺旗"金匾。《约法款》中明文道："现我不讲右也不讲左，讲到祖先护林育树。如今咱们一条村，不许谁人，冲（指两山中间）脚砍竹，冲头挖笋。山脚砍栗树，山头毁油林。山脚砍杉树，山头伐松林。引人上山砍树，让人造船运柴，设计害人，堆沙害田。对这种人，打死无棺埋，六村不让他，六洞不要他。村里把他丢一边，寨里把他扔一方。"对于林地的管理，黎平九龙侗族的做法是：一为埋岩，即划定林地边界，不能随意逾越，违者如埋岩之人断子绝孙；二是寨老管理。即对违规者处以一定惩罚；三是以乡规民约的方式给予约束，对毁林等破坏林业的行为进行处

▲

杉林环绕的村寨

罚。寨老吴振理在1985年《中华人民共和国森林法》颁布后，还专门把其编成四言诗《寨老忠言》进行传唱：

造得森林，党有号召。
颁布林法，奖励植树。
成林成荫，保沙保土。
岂知近时，实有个别。
滥砍乱伐，先图私利。
偷砍树林，乡规民约。
谁敢乱砍，每棵十五。
情节严重，规劝累犯。
尚有再违，铁面寨老。
家家勿犯，国家建材。
绿化覆盖，计划开来。
拨款培栽，令人心爱。
护跃免灾，竟出不偕。
为非作歹，太不应该。
不顾下代，用粪填埋。
条文出来，罚款游街。
不容宽怀，量刑劳改。
勒马悬崖，悔之晚哉。
忠言儆戒，善哉善哉。

此外，在长期的生产实践中，侗族人也总结出不少林木砍伐的经验，如“拉树要韧，放树要帮衬”，“放树不准唱山歌，拖树不准放懒索”，“雨天栽杉必发黄，阴天栽杉易成活”，“光栽不护，苗难成树。一分造，七分管；一时造，长时管”等。“生活要丰盈，两手抓住林”，“喂鸟不如多造林，林茂自有百鸟鸣”成为侗族人民的传统美德。

河溪捕鱼

侗族人生活的地区江河纵横，鱼类资源十分丰富，如角角鱼、江鳅、桂鱼、蓝刀鱼、鲤鱼等等。生活在江河溪畔的侗族人

▲ 捕鱼表演

也常常以捕鱼捞虾为趣，并积累了丰富的捕鱼经验和技术。人们常用的捕捞工具有：渔网、鱼枪、鸬鹚、鱼笙等。常用的捕鱼药料有：石灰、茶麸、铜钱草、辣蓼草等。

在大的江河中捕鱼用渔网、鱼枪、鸬鹚、水獭（当地称獭猫）、鱼梁、鱼笙，还用毒鱼、醉鱼、钓鱼、电鱼（20世纪60年代后）等方法。春天雨多河水浑浊，多采用钓捕。冬天河水小而清，多用鸬鹚和渔网。鸬鹚在20世纪80年代前，在许多侗族地区生活的江河畔常可见到，饲养多的几十只，少的也有二三只。捕鱼时，人坐船上，鸬鹚立于船头，渔人点篙带往捕鱼水域，以篙把鸬鹚赶入水中捕鱼。水獭是一种哺乳类鼬科，半水栖兽类，喜食鱼，捕鱼较敏捷，都柳江畔的一些侗族人通过驯化后借以捕鱼。现在许多人用带电的鱼枪夜间捕鱼，在船头悬挂雪亮的汽灯，捕鱼者利用鱼群见光不散的习性，用电鱼枪进行捕杀，此举对鱼苗造成危害较大，也严重影响了鱼类的生长和繁衍。河水涨涌之时，人们还用长杆撑网兜在岸边捞，也颇有收获。

在小河中捕鱼通常用渔网捕捞，或用石灰、油茶麸毒鱼；用

撒网捕鱼

铜钱草、辣蓼、柳树叶等药物醉鱼。使用前将药物捣烂成一团，塞进鱼群栖息的水中岩洞里，几分钟后鱼被毒醉，轻者外逃撞网被捕，重者醉浮于水面。也有的地方是采取竭泽而渔的办法，将一段河道拦截改道，使下游变浅以捕捉鱼虾；有的从上游施放药物（多为油茶麸或净江藤）把鱼毒昏，然后捕捉。鱼梳叉鱼。春夏之际，河溪水暖，渔人便在晚上点上火把，沿溪河两岸寻找游鱼。见鱼，便用铁制、状如梳子的鱼梳向鱼叉去，即可将鱼捕获。在山沟小溪中还用转捕之法，转为竹子所编。分塘转、滩转，另外还有专放在水田中捕泥鳅的泥鳅转。另又有筛捕之法。鱼筛为扁圆形，口开于上，口小肚大，鱼进来后不能出去。

居住在都柳江沿岸的侗族人，其捕鱼的技术和方法常见的有：击石渔法，潜水摸鱼、射鱼法，设梁取鱼法，积石、木为窝取鱼法，埋箕鱼法，篼捞鱼法，网捕鱼法，光驱声赶鱼法，绳驱鱼法，药闹鱼法，竹床吸鱼，钩钓鱼法等。侗族人有着悠久的捕鱼历史，但他们不会以竭泽而渔的方式捕鱼，往往会给鱼留下繁衍的空间，同时也给自己留下持续渔猎的机会，如为防止过度捕杀小鱼，所用的许多渔网，其网眼一般都不小于二指。但传统的捕鱼方法现在已发生了极大的改变，用化学药品毒鱼、用电打或炸鱼的方式替代了传统的捕鱼方式，加上其他环境的改变，如河水溪水变小或枯竭，如今侗族地区的鱼量已大大不如以前，收获亦今非昔比。

精于纺织

传统的侗族社会性别分工显著，“男耕女织”“男看田边，女看布边”既反映了不同性别的生产劳动作用，也暗含了价值取向的意义。对于女性来说，家中的穿衣、被单、老人过世用的孝帕布、孩子的背带、包、帐檐、鞋袜等，无一不需要她们亲自制作。在社会化过程中，女子被施以纺织织布的教化，也融入她们的身体力行中，于是形成了侗寨家家有织布机的景观。

下面这首《织布歌》生动地反映了侗族妇女纺织的辛劳过程。

织布歌

绞车架上去棉籽，弹花老将笑呵呵。
手举弓锤上下舞，弓弦相碰高唱歌，
花仙忙把花来扦，纺车嗡嗡转旋螺。
夜来灯下把线纺，米汤浆成挑下河。
河中去把纱线洗，竹竿举起晾屋角。
门前栽桩把线牵，布梳理伸上楼阁。
织布机子安窗下，脚踏布梳手抛梭。
织得平布三百匹，织得裹脚五百棵。
斗纹斜纹凭手巧，心灵手巧织绫罗。

对于纺织何时出现，侗族没有确切的有据可考的记载。在古歌《洪水滔天》中曾有比喻雷婆被蜜蜂蜇得“身体肿得如浸泡蓝靛的大木桶”，又如《祖公上河》中的“婚俗之原”讲到侗族青年男女恋爱习俗“行歌坐月”时，有“开窗姑娘在家纺线等待，小伙子走寨求访”之说，《妹道》之歌中讲到“妹道”哀求母亲不要将其远嫁，以“棉纱离锭布难成”来比喻她不愿远离母亲的心情。这些都反映出侗族纺织历史的久远。同时，作为古百越的后裔，侗族先民的纺织技艺也与之有着千丝万缕的联系。汉文史籍、考古发掘的遗址中，有不少关于古代百越人纺织的碎片化记载，如《淮南子》卷一《原道训》说“于越生葛絺”，《说文解字》系部说：“絺，细葛也。”葛絺，即细苎麻布。而《吴越春

织布

秋》也说到勾践被释放归国后，吴王曾向其索葛布10万匹，说明其时的越人纺织已达到一定的高超技艺。汉代，越人所织纺织品已闻名中土，成为权贵交往的礼物，如于越的葛布汉时称为“白越”，东汉时被用作贵族间馈赠和帝王的赏赐品。1979年在江西省贵溪发掘的一批属于春秋战国之际的越人崖墓，在14座墓（37具棺木）中，有半数以上出土有纺织品和成套的纺织器材。在这些纺织品中，有麻布、土黄麻布、绢和印花织物，其中的印花织物是我国目前所发现的最早双面印花苎麻织物。可见越人纺织技艺之高超。唐宋时期，有关侗族先民纺织技术的记载也逐渐出现在有关岭南、今武陵山区等地的史书中。元明清时期，随着中央王朝对侗族先民地区统治的深入，相关记载也愈来愈多。明弘治《贵州图经新志》黎平府《风俗》条载，洞人“织花细织锦”。嘉庆时清人李宗昉《黔记》卷三说：“洞苗，在天柱、锦平二府，……女人戴蓝布角布，穿花边衣裙，所织洞帕颇精。”张澍《续黔书》亦载：“黎平之曹洞司出洞锦，以五色绒为之，亦有花木禽兽各样，精者甲他郡，湅之水不败，渍之油不污，是夜郎苗妇之手，可与尧时海人争妙也。”《黎平府志》亦言：“绒锦，以麻丝为经，纬挑五色绒，其花样不一，出古州司等处。”此锦与翠绿、墨绿等构成菱形斜纹，其“鱼鳞纹”“鸭头翠”等花纹和配色，与顾谅《洞锦歌》中所形容：“侬锦鸭头翠，侬锦作郎茵，郎锦裁侬被……”相仿。而康熙年间胡奉衡的《黎平竹枝词》则有“峒锦矜夸产古州”“松火夜偕诸女伴，纺成峒布纳官租”之说。芷江侗族亦是“机织成布，足以衣被一家”，所织绢布“作轻衫长袍，缝帐幔”，有葛布、夏布等，女工甚为精巧。由此可见，侗族纺织技艺的形成与发展，既有与古代越人一脉相承的历史，又有其作为单一民族形成后的发展，且在明清时期已有高超的技艺。

从史书记载来看，明代时，侗族先民已开始出现以草棉为原料进行纺织，清乾隆年间后，由于政府大力推广植棉，贵州侗族地区的棉花更加普遍，并逐渐成为纺织的主要原料。由于男耕女织传统，纺纱织布被视为一个女子必备的才智和技能，侗款中有“男子游村走寨，女子坐家绩麻”的词句。侗族叙事歌《索美与银冷》也唱道：“古州三宝地方，有个美丽姑娘，她的名字叫索美，盖过古州三条江。索美九岁会绣花，十五岁就学坐歌堂，绣花手艺巧，歌声更比蝉场亮。索美纺的纱，双线牵得又匀又细像蛛网；索美乡的花，红绿划为紫喷喷香。”在侗族社会，从棉花、苎麻的种植到纺成线，织染成布，做成衣裤、被褥，均由女子承担，如侗族大歌《十二月农事歌》所唱：三月，妇女们“南坡挖地种棉花”，五月，“西坡棉花地间把土刨”，十月，“棉花搬上屋梁晒……到家天黑煮饭还要轧棉籽”，十一月，“纺纱细梳理，织布机声响彻夜。侗布一匹廿丈长，拆下新布染青色。三染三晒蒸又捶，没日没夜忙整月。大崽缝件对襟衣，满女裁套夏装桃花又绣叶。全家老少全

纺线

纺纱机

身色新，个个嘴巴笑歪心喜悦”。过去，侗寨几乎家家都备有纺车、脚踏木制织机，村村有轧棉机、弹棉机。姑娘们从十三四岁开始，就在母亲的指导下学习纺织、染布工艺，挑花刺绣，及至出嫁，均能为自己织绣出许多布匹、织锦作为嫁妆。种棉、种蓝靛、浆染有严格的季节性，但纺纱织布则可一年四季进行，所以妇女们往往农闲时间纺纱织布，织布声、槌布声在村寨里此起彼伏，“男看田边，女看布边”成为人们择偶的一个重要标准。

侗布的织造工具整体上主要有纺车、盘纱工具、络纱车、打花辫机、织机等，材料多为木和竹，有的为防蛀和美观，往往还要刷上桐油。在长期的纺织实践中，侗族妇女总结出一整套丰富的纺织经验，在侗族民间技艺中独树一帜。纺织品主要有侗布、亮布、侗带、侗锦等，纺织程序一般分为种棉、纺纱、织布。其传统的纺织工艺极为复杂，一般要经过采棉、轧花、弹花、纺纱、导纱、浣纱、浆纱、绕纱、整经、穿综、入筘、织布等过程，约70道工序，之后还要染色、整理，最后才能成为一块完整的布匹。侗族妇女所织的布料结实耐用，布纹紧密，主要有平纹、斜纹、花椒眼纹（蜂窝纹）、斗纹、菱形暗纹、牛肚纹、鱼骨纹等纹样。色彩主要有白、浅蓝、深蓝、青黑等，如是亮布，其布挺括而有质感，色泽透亮，色彩均为深色泛光，有的深蓝偏紫，有的呈蓝紫色，有的呈暗红色等。

侗族的织布机为木结构的脚踏后背张力式织机，不同地区侗族使用的织布机也有一些不同，如广西三江、湖南通道一带使用斜架机型，榕江、从江、黎平等地则使用平架机型。平架机主要由机床、架臂、吊综杆、卷经轴、卷布轴、分经棍、综、筘、“厂”形长柄、坐板、脚本踏板、梭子等部件组成。斜织机既可织布又可织锦，主要由机床、“A”字形提综杆（连有踏脚）、板式卷经轴、综、竹筘、木质刀杼、竹质卷锦轴、腰带、木质分经器、竹花笼、压纱杆、坐板、挑花铜钩、竹撑边组成。

侗布一般有白、青、蓝和花色四大类，其中青蓝多用蓝靛浸染而成。因侗布多用蓝靛浸染，故一般也多称为靛染。如侗歌《嘎乜》唱道：“棉纱不织成布，怎么也做不成衣裳。用树叶来染衣服，哪里会有蓝靛那样发亮。《侗族通览》对侗族染制过程记述道：“一般妇女都有两个浸泡蓝靛和一个染布专用的大木桶。先将染料（蓝靛）提炼出来，选个吉利的日子合成染液。染液是用灰水（禾草灰）与蓝靛调配而成。用时加少量甜酒或白酒和黄荆兜煎液等，需经一个对时沉淀好后才能开始浸染。浸染时将纱浆洗净后的白布放入大木桶，不断用手翻动，半小时左右捞起，这样一天反复十多次，每天将布拿到河边清洗浮色，并加一次染料和灰水，如此反复浸泡三天后，再用牛皮胶水浆好，晒干，折平放在石板上用木棰捶打发亮，然后再重复浸染、浆洗、捶打三至五轮才算完工，次数越多越好，最后一轮还用大血藤嫩芽、树

理纱线

制蓝靛

侗锦背带盖

皮、猫豆角、猪血等配制的调料染、捶，制成的侗布深蓝、青、紫，色泽鲜艳，光亮异常。有些妇女还有祖传秘方，不传外人。”草木灰含有多种元素，起到了染媒的作用。在染液中加酒，起发酵作用，对于改善色彩也起到一定的作用，酒还可以加强染料的渗透性，令棉纱有较好的染色效果和牢固程度。由于织物在碱性液中浸泡，强力会受影响，为提高织物强度和染色牢度，在后期整理中对织物进行上胶和上浆处理，胶质和浆料填充了纱线间的空隙，使织物平整，硬挺结实。用光滑的木棰反复捶打布面相当于对布面进行机械的轧光处理，在反复的捶打压力下，纱线被压扁，织物表面竖起的绒毛被压平，从而使织物表面光洁反射出光亮如漆的效果。

在侗族纺织技艺中，尤以亮布的织染和侗锦的织造为著。

亮布，又叫“蛋浆布”“蛋布”“蛋清布”，系由白布加工而成。亮布制作工序较复杂，色泽独特。白布织好后，用清水漂洗，晒干置入蓝靛染桶中浸泡除白，一日反复二三次，每次约泡二小时。除白后，再加蓝靛斤余和糯灰三十余斤反复染晾，布渐成青黛色，然后再用牛皮汁浸泡，布成硬质。又置于石板或木墩平板上捶打晾晒，经反复涂抹蛋清和漂、染、晾、捶等工序，最后才制成一匹亮布。此布宽尺余，为柴铜红色，闪亮发光，多用于节日盛装布料。

侗锦古称“纶织”，多用于被面、床单、帐帘、枕套、头巾、裹腿及服饰花边和背小孩用的襁褓等。据《贵州图经新志》

晾纱线、布

记载："刺绣杂纹如绶，织花细如锦。"《黎平行枝词》中描绘"松火夜偕诸女伴，织成侗锦纳官输"。《黎平府志》载张应昭为诸葛亮在兴建三年（225）平定南中时作有《诸葛锦》："丞相南征日，级回太谷春，干戈随地用，眼色逐人新；苎同参文绣，花枝织朵新，蛮乡椎髻女，亦有巧妙人。"侗族《远祖歌》也有"鱼骨做梭织花锦，骨针用来缝衣裳"之句，可见侗锦有着悠久的发展历史。侗锦的原始产区主要分布在湘西南的通道县及与之毗邻的贵州黎平县，广西三江县、龙胜县。在一些侗族地区，侗锦是姑娘的必备之物，出嫁之时须带有足够的侗锦布匹，以备家中日常和生儿育女之用。

打花带

根据不同织造方法，传统的侗锦分为素锦和彩锦；根据用途的不同，侗锦又可分为日用锦、寿锦等。侗锦图案不以自然写真取胜，而是用概括、抽象和夸张变形等手法，强调装饰性很强的形式美，保留了优美、朴素、细腻的民族艺术风格。日用侗锦多用于被面、垫毯、头帕、

捶布

背带盖、帐帘、绑腿、枕巾、胸兜、小孩花帽、腰带、手巾、挎包、衣服边角等，系用黑白棉线或黑白棉与彩线织就，多为几何形图案。寿锦一般给过世老人垫棺材用，图案主要为鹰、龙等。一般是黑色纱与白色纱交织的素色锦，由三组大花锦连接而成，最具特色的是，图案以龙纹为主体，有逢凶化吉，保佑长寿的吉祥意义。通道县的播阳、黄土、平坦、牙屯至今仍保留着传统的侗锦织造习俗，其中播阳的背带花，黄土、平坦的头巾织造较为精美。侗锦一定意义上代表了侗族传统纺织技艺高超的水平。

精美、耐实的侗布、侗锦久享盛誉。明代弘治《贵州图经新志》记载说，时侗族先民所织染的“侗锦”“侗布”已闻名于世。清嘉庆年间人李宗昉在其《黔记》中说道：今从江龙图、贯洞出产的蓝布，天柱、锦屏所产的“峒帕”，黎平曹滴洞的“峒锦”，都“精者甲他郡”。《黎平府志》也称，清代从江陡寨、高增一带的斜纹侗布曾向京城的皇帝进过贡。民国初年，榕江车江一带所产侗布还曾在重庆全国手工业展览会上获奖。2008年6月和2011年6月，湖南通道的织锦技艺、贵州锦屏的刺绣技艺分别被列为国家第二批和第三批非物质文化遗产保护名录。

如今在侗寨，那种户户织布的景象不再，年轻人已大多穿着从市场上买来的衣服，即使还有织布者，有的或为姑娘陪嫁做些准备，有的是作为旅游商品出售，有的是织孝帕（老人去世后，子女戴的白布），还有的织布是为做寿衣，因为侗族民间认为，死后如不穿侗布织成的衣服，老祖宗是不认同的，或许会变成孤魂野鬼，由此而或多或少地保留了一些侗族传统的纺织技艺。

第四章
村落图景
民俗风习

侗族人多聚族而居，在山水间形成了一个个星罗棋布的村落，它们是侗族人生息繁衍之所，也是文化传承和创造之地，是物与精神共同构建的社会空间。飞凌的鼓楼，横卧的花桥，戏台、古井、萨玛祠、寨门……，它们蕴含着侗族人对自然、社会以及自我的认知，体现了“天人合一”的理念。在村落中，人们辛勤劳作，互动往来，日常起居，繁衍后代，在平淡、简单的日子里传承并创造着属于他们的文化，构建生活的意义。

山水村落

与山水相契合的村落格局

侗族村落的形成与自然环境、历史、审美情趣、族群互动等有密切关系。按照村落分布的空间环境差异，《侗族文化研究》将之归为三种类型：一是山脚河岸型。该类型的村落约占侗族村落的80%以上，它们多地处低山脚，背靠山脉，面朝河流，民居依地势高低错落有致。二是平坝田园型。该类型约占侗族村落的15%，它们多地处支流与主流交汇处较开阔的小盆地（俗称“坝子”），地势较平坦，村落建设较规整。三是半山隘口型。这类村落约占5%左右，其规模一般较前二者为小。它们多坐落在水源较充足的半山腰和山坳口，民居依山势高低错落排列，重重叠叠，富有层次。该类村落形成较晚，有的因老寨人口过于密集而

绿树掩映中的侗寨

从中分离出来所然。这三种类型的村落都有一个共同的特点，即依山傍水，如《百苗图·洞苗》说：“洞（侗）苗在天柱、锦屏二县所属，择平坦近水而居。”古歌也唱道：“村是根来寨是窝，鱼靠水来村靠坡，村离山坡要枯死，人离村寨不能活。”可见侗人对村寨的依恋。

高定侗寨

对山水意象的重视，还形成了侗族人在选村寨地址时看“风水”“龙脉”的习俗。人们认为，只有根据龙脉来建村立寨，并根据龙脉的走势来规定建筑物的规模，才能降伏龙脉而又不伤龙脉，并使村寨人丁兴旺，纳福受禄。故有些村落在立寨前要先拿水土来称，哪里的水土最重，就在哪里建寨。在村落的选址上，侗人还注重入村的道路和村边的水道状况。一般来说，入村的道路多选择从东面或南面，很少选择北边和西边，因为太阳从东边升起、从西边落下，从东面入寨，即有兴旺发达之意；至于寨前的河道，也多以弯曲为吉，这样才能留住财源。同时，侗族人还常以修桥、栽树、立亭、改道、改水立寨等方法来完善“风水”，弥补“风水”之不足。

肇兴侗寨

可以说，侗族村落与自然山水相契合，是一种“顺应自然、利用自然、装点自然”的典型模式，这一模式亦具有生态学上的意象。背后靠山，有利于抵挡冬季北来的寒风；面朝流水，既有利于迎接夏日掠过水面的南来凉风，还能享舟楫、灌溉、养殖之便；朝阳之势，便于获得良好的日照；缓坡阶地，既可避淹涝之灾，又可使村落中的民居获得开阔视野；周围植被，既可涵养水源，保持水土，又能调节小气候，还可以获得部分薪柴，解决燃料之虑。多样的因素结合在一起，便构成了一个生机勃勃的有机生态环境。

按族分开坐，按格分开住

侗族村寨大多数是一寨一姓或一寨几族二三姓。吴、杨、石、龙等姓氏，是侗族的大姓。每个村寨少则数十户，多则几百上千户，有的称之为“团寨”。南部方言区的车寨、肇洞、贯洞、高增、黄土寨、程阳寨和北部方言区的兰田、高酿、邦洞、茅坪、报京等，都是侗族地区有名的大寨。在村落的布局中，侗

堂安侗寨

▼

寨有内敛性的特点。

侗族村落是血缘与地缘结合的聚落，村落内部在空间的划分上，体现了“别群异姓”之特点，往往几个家族按不同的片分开居住，每个家族内部又按血缘的亲近程度集中分居在一定的地理单元，即同一房族者（民间所称的“格”或“兜”）共同组成了一个生活单元，如古歌所唱“按族分开坐，按格分开住”。

芋头古侗寨

村落烟雨

知识链接 黎平肇兴大寨是南部侗族地区较大的一个村落，有“侗乡第一寨”之誉。肇兴坐落在一山谷中，东南是麒麟山和弄抱山，东北是虎形山（又称“七背山”），西为西关山。谷中有两条由东向西和由南向北的溪流相交汇，蜿蜒向西关山脚流去，最后汇入都柳江。从山形地貌看，肇兴谷地犹似一条大船。全寨分为仁、义、礼、智、信五团，信团居下，称“斗派”，是为“船尾”；智团居中，称“斗闷”，是为“船篷”；礼团居里，称“斗登”；义团居上中，称“斗格”。“斗登”和“斗格”是为“船舱”；仁团居上，称“斗高”，是为“船首”。寨中的五座鼓楼即代表了不同的“团”。

侗族村落这种聚族结姓的居住格局，也体现了费孝通先生所言之“差序格局”，即以血缘关系为中心，逐渐向地缘关系推演，并形成“连络皆有亲”的局面。有的地方还保存着建寨门的习俗，如果有客来访，从其进入的寨门便知是哪个姓氏的客人到。寨门的修建往往根据环境而定，如山水走势、地脉来朝、龙神去向、地形地势等，同时也要考虑进出的方便，但一般以篱

山水侗寨

笆、栅栏、土墙围寨，是进入村寨的主要通道。故寨门具有防御侵扰、迎来送往、族姓认同等方面的功能。

村落格局的社会功能

侗族这种村落格局的形成，与其历史及社会经济结构有密切的关系，体现农耕社会的特点。从侗族历史来源看，其先民是由东往西逐渐迁到现在的居住区。迁徙过程，也是与自然环境和各种社会环境斗争及相适应的过程。如果没有集体的力量，个体是很难在艰苦的环境生存下来的。聚族而居，可以集体的力量弥补个体力量的不足。与此同时，自给自足的小农经济生计方式使侗族人在一个相对封闭的环境里，通过人们劳动力的再转化，将大自然提供的物质满足基本的衣食之需，各村落的同质性极高，无须与外界密切的交往便可以生活惬意。极富和谐美和生态理念的侗族村落，有的还被列为文物保护单位，如湖南通道的芋头古寨。

增冲村

鼓楼·风雨桥

鼓楼

侗族民谚称，“鱼田有窝函，侗寨有鼓楼”；“未建寨门，先建萨坛，未立楼房，先立鼓楼”；“雄伟的鼓楼自有祝贺，美丽的花桥自有人歇脚”。鼓楼是侗寨标志性建筑，族姓的标识，有着悠久的建造历史。

知识链接 明代人邝露曾在其《赤雅》一书中记述了鼓楼的建筑：“以大木一株埋地，作独脚楼，高百尺，烧五色瓦覆之。”

鼓楼分多柱和独柱两类，多柱较普遍，均为木质结构。侗族鼓楼，造型优美，结构严密，空间丰富，形式多样，主要分为卧式（或阁式）鼓楼和塔式鼓楼两大类。又细分为门阙式鼓楼、干

马田鼓楼

侗寨鼓楼

历史悠久的
增冲鼓楼

榕江鼓楼

栏式鼓楼、戏台式鼓楼、复合式鼓楼、密檐式鼓楼、弧形鼓楼、歇山式鼓楼、多角攒尖顶式鼓楼等多种形式。如湖南高步寨的卧式鼓楼、阳烂寨的门阙式鼓楼、高楼寨鼓楼、高团寨鼓楼、横岭寨弧形鼓楼等都始建于清代，有重要的文物价值。

建筑鼓楼时先立4根粗大的杉木为主柱（个别为独柱）直达顶层，然后又立12根衬柱。4根主柱代表一年四季风调雨顺，12根衬柱代表农历的12个月。鼓楼有“四檐四角”“六檐六角”“八檐八角”之分，其层数都是单层。最高的鼓楼据称是今贵州省从江县郊外的“从江鼓楼”，有17层。鼓楼一般分为三个部分，上部即伞形宝盖顶，有四角、六角、八角形状，工艺精巧，造型别致；中部是层层叠楼，从上而下，一层比一层大，每一层的楼檐突出部分都有翘角，精致独特；下部即底部，多系正方形。在楼内的横梁和边缘的檐板上，刻绘有各种各样的人物、飞禽走兽、花木鱼虫等象征吉祥如意的图案，明朗和谐，栩栩如生。在楼内每层之间，还设有附在木柱上的简便攀缘梯。楼内顶层放置有牛皮做面的大木鼓，是本寨遇到紧急情况，如火灾、盗匪、敌人来犯等，向全寨人报警的器具，非遇特殊情况，是不能乱敲乱打的。鼓楼也因置放意义重大的大木鼓而得名。在侗族地区，较大点的侗寨都有一至数座鼓楼。在侗寨众多的鼓楼中，贵州从江增冲鼓楼、湖南通道县坪阳乡的马田村鼓楼已被列为全国重点文物保护单位。

鼓楼是侗寨重要的象征物，它的修建成为众人关心的大事，家家户户有钱出钱，有力出力。当鼓楼落成之时，人们还勒石刻碑，立于鼓楼旁，以昭示后人。在村寨之间，人们也往往以公众性建筑的多寡高大、工艺的精巧等，来评价该村落或家族的兴旺与和睦。鼓楼在侗寨有许多功能，如聚众议事、讲款、断案、解决纠纷多在此举行，也是民众休闲娱乐、待客的场所，鼓楼上的鼓是侗寨击鼓报信、传递信息的工具。

对于鼓楼的来历，侗族有民间传说如下：

古时候一个名叫曼林的侗家聪明小伙子受到杉树王的启发，欲建造如杉树王一样的木楼，并在建造后打败了到村里搞破坏活动的土匪。胜利以后，他们就制作了牛皮鼓，神圣地放在木楼里，把木楼改名为“鼓楼”。

湖南芷江鼓楼

为使自己的家族像杉树一样兴旺发达，为了能统一号令抵御侵略，为了本寨子有议事的地点，为了使青年男女有社交的场所，许多侗家寨子都修建起了鼓楼。鼓楼成了侗族社会文化的一个象征，侗家人唱道：

鼓楼是村寨的暖和窝，
没有鼓楼无处寻欢乐。
高高的杉木竖起鼓楼架，
有了聚集的场所有了欢乐的歌……

风雨桥

风雨桥又称为花桥、福桥，是侗族工匠杰出的建筑创造，也是侗族民族文化与民族性格在建筑上的反映，多架于村边寨脚的河流溪水之上，是一种亭阁式长廊形桥梁。风雨桥在建筑史上称为廊桥、楼桥，我国廊桥起源于公元3世纪，现存实例已很少。而规模宏大，形成独特风貌的，首推侗族风雨桥。

现存的侗寨风雨桥，多为清代所建。风雨桥除桥墩用青条石外，其余全为木结构。采用凿眼、榫枋结合、直穿斜套、互相勾连，形成严密的整体。坚固耐用，可延续二三百年不坏。对应于桥墩、桥台的廊顶有塔式桥亭，其结合了民居的双坡屋顶与披檐形式。桥身不用粉饰，显露材料本色，淡雅大方，与侗族淳朴民

通道风雨桥

风谐然一体。整座风雨桥不用一钉一铆，全部用榫栓衔接得天衣无缝，结实牢固，层次分明，重檐翘角，美观别致，显示出侗族人民聪颖、高超的智慧。如今，保存完好的风雨桥大约有330座，主要分布在广西三江、龙胜，湖南通道，贵州黎平、从江等地。

在侗族二元结构的世界观中，风雨桥还是连接现世和来世的媒介。侗族古老民俗认为，世界上的每一个人，从阴间来到阳世，都要走过一座自己的生命桥，如果没有了这座桥，你就会失去前行的道路，找不到人生的方向。因此，每个人一经呱呱落地，便要请阴阳先生为其卜卦，定下其走过的那座桥。这桥，便成为此人终身要修复和祭拜的桥。也正因为如此，人们对于桥的架设十分热心，大桥、小桥、木桥、石板桥、风雨桥，凡是需要架桥之地，寨人都争而为之。对于风雨桥，更是全村男女老少共同尽力来修建。据说，村寨的桥越多，越雄伟壮观，人丁便也越兴旺。大年三十，家家户户，男女老少，总要携带着祭品去祭拜自己的“桥”，称为“暖桥”。人若生病，有时也要“暖桥”，“桥固而人康健”。桥若受到损坏，应立即加工修复，否则便有损于人的身体健康。

程阳桥

登岑风雨桥

在实际生活中，风雨桥有着多种功能：免受涉水之劳，避风躲雨的场所，纳凉、聚会、休息、娱乐之处、迎宾桥之用，起到“堵风水，拦村寨”之功效。从中我们可以看到，桥是侗族文化中的一个重要隐喻。

侗族人对自己的花桥也是由衷赞美，《赞花桥》款词唱道：

十座山来赞颂，九座山不能阻拦。
风儿莫出声，雨也别出气，
倾听我来赞颂你们地方的花桥，
花桥把这里的景色点缀得协调美丽。
架梁渡水，修桥过河。
你们都乐意行善，你们都热心公益。
用巨大的青石砌墩，用罕见的杉王架梁。
桥面上筑长廊九间，竖起三座五层重檐的楼阁。
桥这头有水井，桥那头有榕树。
桥下游鱼清流，桥边桂花芳香。
……

花桥迎宾

在众多的侗族风雨桥中，以广西三江的程阳桥和岜团桥、贵州黎平的地坪桥、通道的坪坦桥（九座）等较为著名，为国家级重点文物保护单位。广西三江县是侗乡风雨桥较多的县，除上述著名的程阳桥、岜团桥外，县内还有108座风雨桥。此外，通道的回龙桥、普修桥、黄土桥，芷江的龙津桥等，也都是造型美观大方、工艺精巧的“花桥”。

信地古花桥

侗族风雨桥与鼓楼以及其他的木构建筑的独特营造技艺，在少数民族中享有盛誉，并于2008年6月被列为国家级非物质文化遗产保护名录。

多彩服饰

侗族服饰可谓绚丽多彩，民族特色浓厚，与之相关的事项包括了帽、头帕、上衣、裤子、裙子、绑腿、鞋、袜以及各种各样的装饰。从其服饰的款式、材质、装饰等方面，既反映了侗族所居处的自然环境、社会生产力发展状况、生计方式，也反映了其审美意识、宗教观念、价值取向、民族工艺、民族历史以及族群间的互动关系等方面的内涵，是该民族文化和民族特征的

贵州从江岜扒姐妹花

湖南侗族服饰

地扪侗族女子服饰

堂安侗族服饰

重要表征和载体。2014年12月黔东南州的侗族服饰被列入国家第四批非物质文化遗产保护名录。

服饰源流

关于衣服的源流，流传在黎平地区的《盘古歌》唱道：

请静听我唱首盘古歌，回忆往事都有根源……我们祖先原来都是猿人，树叶置作衣……腰带、玉美置棉布，去那树皮才穿上好衣服，我们穿的衣服都是他教缝，我们穿的棉布开始都是他种，棉苗独根秧种在地中央，结棉桃用口袋去装，早晨压籽晚上纺纱，拉起来柔软盖整个地方，上织布机梭子两边摆，做成许许多多衣裳，穿上棉布服装特别感到温暖，剪根包头帕包头感到特别暖和。

由于各种因素的影响，侗族服饰因地区、生计、社会发展历程等有一定的差异，如传说在很早的时候，侗族从东向西迁徙，沿河而上，走到高安时，一部分人顺江而上，行至水口、安民等地定居下来。由于这一带的姑娘头上挽髻，并插有三片银冠，上衣敞胸紧袖，穿长裙，裙上有一条条的闪光亮珠，很似孔雀的羽毛，所以当地群众便把这一带的姑娘服饰称为孔雀式；另一部分人迁徙到八洛时，就顺洛香河而上，到了六洞地区，其中一些人经过中潮、佳所、黎平、潭溪到了清水江边的锦平剑河、天柱和经洪州到了湖南的通道等地，这一带的妇女服饰为青色衣袖，两袖及胸前有白色，很似喜鹊，所以当地的群众就把这一带妇女的服饰称为喜鹊式；还有一部分人迁徙到银潭，就顺四寨河而上，到了黎平的十洞和从江的九洞地区，这一带的妇女服饰有点类似古老的和服；最后一部分人迁徙到了榕江古州，顺寨蒿河而上到了晚寨，侗语叫四十八寨地区。这一带的妇女服饰简朴古拙，显现典型的高山地域风貌，人们称之为高山式。这些传说体现了同一民族由于经济、地理、历史、习俗的不同，服饰也大相径庭，千姿百态。

▲

小黄侗族女子盛装

◀ 盛装

侗族服饰式样

总体来说，侗族服饰可分为妇女服饰、男子服饰和儿童服饰，其中又有日常便装和节日盛装之别。

妇女的服装款式主要分裤装和裙装，包括衣、裙、裤、鞋、发式、头巾、头帕和银饰等。无论裤或裙，其上半部分多为衣，衣的形制大体有大襟（斜襟）右衽或左衽、对襟、交领，或无领。着交领或对襟衣者，里面常戴一块胸兜。一些地区侗族妇女衣长及臀部以下，且较为宽松，裤子多为无裆裤。裙子多为百褶裙，一般及膝。着裙装者还喜裹布于小腿，称为“绑腿”，可起

▲ 小黄侗族男子服饰

到防寒和保护腿部的功能性作用。

一般来说，男子几乎全为裤装，上衣多为对襟，直领、窄袖，对襟衣的纽扣多为布扣，随着年龄不同而扣子的颗数和口袋的个数均不同。裤子一般是宽裆窄筒，老年人相对宽松些。长巾包头。包头帕的式样有夸张造型的“角式”和端庄稳重的“团圆式”，多为紫色亮布长包帕或黑白相间的格子帕、白帕。男女衣服面料均以棉布为主。颜色较为单一，如青、墨、白、蓝等色较多。

侗家小伙子 ▶

侗族人在冬天或年节时常穿布鞋，鞋子以布纳底，以布为面，以布为帮，白底黑面或绣花（女鞋）相映衬。鞋前脸有圆有尖，有平有翘，鞋口有方也有圆，还有剪子口，各具特色。侗族姑娘出嫁时往往要给婆家人带去诸多的鞋，以展示自己的手艺和勤劳。其中的绣花钩鞋是

知识链接 绣花鞋的鞋帮用料十分讲究，一般选用质地优良的丝绸作面料。制成鞋帮面后，用各色丝线运用各种刺绣手法绣上花鸟、蜂蝶、鱼虾、蛇龙以及几何图案。依绣花鞋帮所绣花纹的不同，分为“满帮”“跟花”和“半帮”。未婚姑娘穿“满帮”绣花钩鞋，已婚妇女穿“跟花”绣花钩鞋，老年妇女则穿“半帮”绣花钩鞋。

南部方言区侗族妇女着盛装时必搭配的工艺鞋。

传统的袜子多为布袜，以白色为主。现在，随着社会的发展，越来越多的人已较少穿布鞋了，会做鞋的人也越来越少，人们多到市场上购买各种各样的皮鞋、胶鞋，民间传统的布鞋甚至作为工艺品在一些旅游市场上出售。

湖南侗族小女孩

服饰花纹图案

在服装上绣以各式花纹图案或装饰各种花边、银饰，是侗族服装的一大特色。明弘治《贵州图经新志》载，侗族妇女的衣服“长袴短裙……刺绣杂文之绶，胸前又加乡布一方……织花细如锦”。可见，早在几百年前，侗族妇女们已在服饰中进行了较为精细的装饰。侗族妇女能纺能织，善缝善绣，手艺极为精巧，所织绣的花纹细密柔和，或艳丽或素雅，别具风韵。其刺绣针法平绣、辫绣、贴花、倒针、缠绣、皱绣、挑花等。图案主要有几何图案、花鸟鱼虫、飞禽走兽等，形象逼真，栩栩如生。在服装上的装饰主要用于栏杆、托肩、领口、袖口、襟边、裤边、胸前等处，刺绣技艺也往往作为衡量一个女子能干聪明、心灵手巧、勤奋努力与否的标识，甚至与她们的婚姻大事相关联，故刺绣成为女子们必掌握和擅长的一门技艺。《侗族礼俗歌》唱道：青布、蓝布拼成方块花，红绒黄绒编成“百岁块”，纯质的白银塑出群仙图。镶出的人群能把歌堂踩，镶出的百鸟能歌唱，镶出的黄狗把尾摆，镶出的蜘蛛会牵丝，镶出的杜鹃把花开。不过，尽管还有一

黎平尚重节日盛装装饰

服饰背部装饰

梳妆打扮

些妇女仍会刺绣，但与三四十年前相比，这项传统的民间工艺却正面临消亡的境地，越来越少的人穿民间传统服装，许多工厂里出产的花边充斥集贸市场，人们的价值观念也在发生变化，刺绣不再成为社会价值体系的一部分。

银配饰

侗族妇女普遍喜爱银饰，凡家中有女子者，必备有各种银饰，有的是母亲传承下来的。服装上的银饰主要为节日盛装的配饰，大体可分为头饰、耳饰、项饰、胸饰、背饰、手饰及脚饰等，银饰形制如有银片、银牌、银花、银链、银泡、银冠、银钗、银梳、银项圈、银手镯、银耳环、银戒指、银手钏、银铃铛、银环等。全身穿戴，有的重达20多斤，走起路来叮当作珮，神态怡然，煞是美艳。

侗族服饰讲究整体的对称协调，绣的各种

花、虫、鸟、兽、果木等图案花纹造型丰富，形象生动、富于想象。不过，由于现代化的发展，越来越多的人走出山寨，穿民族服饰者大多是些老年人，年轻人现在的穿着基本与外面一样，有的仅在节日庆典里穿民族服装做些展示。

喜食糯酸

侗族的饮食特点可归纳为：无鱼不成席，无酒不成礼，无茶不成喜，无酸不成宴，无糯不成侗。

主食糯米饭

历史上的侗族地区遍种糯禾，吃糯米饭、喝糯米酒，对人们来说是生活的享受，故有“侗不离糯”之说。

糯米的加工主要是在石碓中舂好、簸干净后，头晚先用水浸泡，次日一大早起来放入甑子中蒸熟即可。蒸熟后的糯米饭，人们或置于簸箕里，或放在盆中，或盛于老白瓜壳制成的“钵”里。即使糯米变凉，也依然柔软可口。吃时用手抟捏成团，据说捏得越紧，其味越香醇。上山下地劳动随身用竹“饭卣”或芭蕉叶带上糯米饭，既方便，又耐饿。不用菜佐餐，也能食得津津有味。侗家婴儿时便开始吃糯米饭，由此形成了较好的消化能力。

丰盛的菜肴

糯米饭 ▶

用糯米做的各种各样的粥在侗族地区亦较常见。如糖粥、鲜肉粥、鱼粥、鸡肉粥、骨头粥等等，清香可口，营养丰富。

除了日常的蒸食，侗族人还以糯米为原料，加工出许多极有特色的节日和喜庆场合食品。如过年时的糍粑、侗果，清明的黄粑、五月端午的粽子、八月十五的糖糕，以及炒米、扁米、米花、花米饭等等，而用糯米酿成的酒，更是侗家人喜爱的佳酿。

20世纪七八十年代以后，随着杂交稻的普遍种植和青年人外出打工增多，加上糯稻本身产量较低，许多南侗地区也渐渐改为以黏米为主食，糯米则多成为节庆或待客的佳品。

副食丰富

民间俗语说，动者为肉，青者为菜。侗族的肉食来源较广，除了常见的猪、鸡、鸭、鹅、鱼、牛、羊肉、狗肉外，还有田里、河里的虾、蟹、泥鳅、黄鳝、青蛙、鱼、螺等，亦视之为佳品。蔬菜方面，侗族地区品种较多，除了自家种植的白菜、圆白菜、莴笋、萝卜、韭菜、芹菜、茄子、西红柿、黄瓜、苦瓜、冬瓜、南瓜、白瓜、辣椒、茄子、红旱菜、葱、蒜、青菜、各种豆类等外，还有田间地头及山中的野菜，如竹笋、鱼腥草（折耳

烤鱼 ▶

根）、蕨菜以及各种菌类等，一些野菜且有清热解毒的功效。侗族人喜酸辣，无论是素菜还是荤菜，辣椒都是重要的佐料。

最爱酸食

侗族民谚说："三天不吃酸，走路打倒蹿"，又有"住不离田，走不离山，穿不离带，食不离酸"之说，可见酸食在侗族生活中的重要性，故而形成了日常饮食中不离酸、送礼待客不离酸、敬神祭祖也不离酸之俗。相传，侗族从前吃不到盐，有人想出以酸汤酸菜代盐的办法，侗族人才得以生存。现在，侗家人虽不再为吃盐发愁，但嗜酸已成为习惯，家家户户都有大小不一的酸坛，因此待客的菜肴中酸菜常占一半以上，"正月腌肉，三月腌菜，八月腌鱼"成为人们日常生活中不可缺少的工作，"腌鱼腌肉腌菜，侗家美食声在外"。

酸汤鱼

侗族人的酸食分为素酸和荤酸。

素酸 素酸即是腌制的蔬菜，如白菜、萝卜、青菜、豇豆、蒜苗、辣椒、姜等，山野中的竹笋、蕨菜之类，吃不完的也腌成酸菜贮藏。酸辣椒可分为糟辣椒、剁椒、泡椒，以之与肉菜一起煮食，味美鲜香辣，深得侗族人喜爱。而用青菜腌制的酸菜，是侗族人日常饮食中不可少的主打菜。侗族还喜一种素酸，叫"酸水"，他们常年在火灶边置一瓦罐，每天将干净的淘米水倒入罐中发酵，三五天发酵后即成有香味的酸水，称为"泔"，用它煮青菜、笋、肉等，爽口开胃降压，独峒侗族有"糯饭煮鱼酸汤，一餐可吃一斤米"的说法。更有妇女们用它来洗头发，即使上了年纪仍青丝如云。

荤酸 荤酸既有猪肉腌制的，也有鱼、鸡、鸭、牛肉、鹅肉等腌制。腌鱼，侗族称为"坝生"。腌鱼制作工艺独特，味美醇香，有"腌鱼下饭，锅底刮烂"之说。方法是先将鱼用清水洗净养半天，让鱼将泥水吐净后剖开，取出鱼内脏弃之，洗净，用盐及料酒腌一两日，再盛入木桶内，然后将蒸熟的凉糯米饭与辣椒

▲

腌肉

长桌宴 ▶

粉、花椒粉、蒜末、姜、盐相混合，拌匀为佐料（即鱼糟），放一层鱼（肉），撒一层佐料，直至把鱼腌完。之后倒进少许甜酒，上加棕树叶或棕粑掌、楠竹笋壳几层覆面，再加盖板封存，并用大圆石头压于板上。待压在上面的石头缝里渗出汤汁时（大概要一个多月时间），即可取食，其味酸甜，香辣可口。侗族腌鱼有着悠久的历史，宋人周去非的《岭外代答》记载："南人以老鱼为鲊有十年不坏者。"有的地方用大楠竹筒腌制腌鱼，竹筒口用竹叶或棕叶盖好，用黄泥封得严严实实。用竹筒腌制的鱼比木桶腌制的香味更醇。

肉、鸡、鸭的腌制方法与鱼相同，腌制的时间长短不一，短的几个月，长的数年甚至数十年。腌肉腌鱼色泽红润，其味酸辣香醇，别具特色，是待客的上品佳肴。

知识链接 通道侗族地区还有一种较为独特的腌红虾酱。其做法是：将小虾洗净，拌入海盐、辣椒粉、姜末、甜酒及热糯米饭，小虾变红，然后放入坛内密封，一个月后即可食用。

从科学的角度看，侗族居住的地区气候较热、湿度较高，日常劳动出汗多，加上常年食糯米饭，胃酸缺乏，所以吃酸具有消食助消化、去腥解腻、增进食欲的功效。另外，在炎热的地方，酸味食品还是保存食物的较好方式。可见，侗不离酸蕴含着适应生态环境的机制在其中。酸食既是日常之食品，也是接待宾客之上品，还是各种民俗活动中不可少之物。三江侗族民间有"十年

糯米饭

酸鱼加老酒，做人一世也抵得”之说。婚丧嫁娶、建房盖屋、走亲串寨、祭祀祖先，等等，酸食均是不可少的物品。

侗家油茶

其他饮食

喜食善做的侗族人根据自然环境、物产等，还有许多特色食物，如烧鱼、牛羊瘪（一种牛羊胃里提取的汁液做成的食物，人们又称之为“百草汤”）、油茶、酸汤鱼、鱼冻等等。油茶是一些地区侗家人喜爱之食，不仅是家常便饭，也是待客必不可少的食品。亲朋好友来访，主妇立即架锅打油茶款待。油茶待客有的地方要上三碗，如新晃、玉屏侗族就有“茶三酒四烟八杆”的民谣，即进屋先喝三碗茶，开席先喝四碗酒，席间要敬八袋烟。

食物不仅能果腹，满足生理之需，而且以食物为载体的饮食礼仪还能滋养个体的心灵，传承文化之道，满足文化之需。侗族人向来极为重视饮食礼节，无论是家人饮食还是待客，都有一整套礼仪，如主副食的搭配、数量的多寡、餐具和食物的摆放、座次的安排、饮食的传递和分配、餐毕的收场等等，无不讲究礼数和规矩。

干栏木楼

侗族民谚称："家住高山不怕风，家住河边不怕龙。"适应生存环境，侗族民居大致可以分为两类：干栏式民居和地面式民居。前者是一种将底层全部或部分架空悬居的建筑式样，人一般居于楼上；后者则是一种平面型的居住方式，人的居住与主要活动均发生在地层面。这两种居住方式，不仅反映了侗族的历史发展，也反映了不同的文化内涵。

干栏式民居

干栏式建筑是侗族及其先民较为传统的民居形式。早在魏晋时期的汉文史籍中，就有了干栏建筑的记载，如北齐魏收的《魏书·獠》（獠是古代对侗族的蔑称，现常作"僚"）记载：獠人"依树积木，以居其上，名曰干兰，干兰大小，随其家口人数"。又后晋刘昫《旧唐书·南蛮 西南蛮》亦载："南平獠者，东与智州、南与渝州、西与南州、北与涪州接。部落四千余户。土气多

晚寨吊脚楼

瘴疠，山有毒草及沙虱、蝮蛇。人并楼居，登梯而上。号为‘干栏’。”这种干栏式房屋在今黎平、榕江、从江、锦屏、剑河、通道、三江等地的侗族地区仍较盛行。

侗族传统的干栏式楼房有两层式，也有三层式，通风防潮性能良好，房屋设计与南方山区的气候、地形、地貌协调。干栏房的第一层通常是四面通风的柱子，一侧用围栏隔成畜圈，用于饲养家禽、家畜，另一侧用于堆放杂物、设置“米碓”。二层是侗家人生活起居的主要场所，一般由房屋的一侧架设楼梯，上楼后是走廊，走廊向外延伸形成吊脚楼。走廊的设计，一般是第二层的前半部分几乎都为走廊，若是独户人家，则整个第二层的四周全部为走廊，是日常家务和手工劳动及纳凉的地方。第二层的中央是堂屋，堂屋后壁正上方（正对门的墙）是供奉祖宗神灵的神龛。火塘置于堂屋或左右两侧房屋中用做厨房的一间，火塘上架设铁三角架，终年烟火不断。火塘上方挂置有一个与火塘大小相近的吊篮或正方形的木栏架，俗称“昂”，为烘烤东西所用。吊篮上方是出烟道。火塘是家庭聚居的中心，也是姑娘们与男青年坐夜的地方。侗族风俗，男女唱歌坐夜，一定要在火塘，到姑娘卧室中去是不允许的。二层的其他房屋是卧室，三层是卧室或粮

▲

寨母寨门

干栏民居

仓。建房材料都选择防腐性能强、木纹美观的杉树。整栋房屋从上到下全部为木质结构。顶部盖杉树皮或青瓦，墙壁是杉木板，并用桐油油漆。整个房屋全部用榫头穿接，不用一钉一铆，显示了侗族精湛的建筑工艺。通道侗族民间歌谣中有“起楼难起吊脚楼”的词句。干栏建筑既适合侗族的生存环境、经济发展水平、民族生活习惯，又具有通风、散热、干燥和防避虫兽及水害等特点。侗寨中的民居，一般一家一楼，也有若干家连在一起，走廊相通，不下楼便可走遍几十户，故有“侗寨高高上云头，走遍全寨不下楼”之说。

建房备料

侗族干栏式民居大多用杉木或松木建成，形式多样，高低不同，大小不一，依其形式大致可分为高脚楼、吊脚楼等类型。

高脚楼，主要分布在黎平、榕江、从江、通道、三江等侗族山区。三江和通道的高脚楼楼高三四丈，二至三、四层不等。第一层放养畜禽、堆放农具、柴草、石碓及杂物。二层以上为全家

立柱

人活动和待客的中心，三层以上有时住人，有时堆放粮食，有时部分还用作挂禾把、晾晒衣物等。房屋多为三开间，两边搭有偏厦，呈四面流水，外间是长廊，设长凳，供家人休息和妇女纺织、做针线活。房屋的中间称堂屋，屋后壁设有神龛，供奉着“天地君亲师神位”，正中有1米见方的火塘，上面安置铁三角架，为烹饪和就餐、取暖之地，也是待客之处。

吊脚楼是高脚楼的一种变体，一般建在斜坡上，后部与坡坎相接，前部用木栏架空，或接廊柱，像吊着的一根根柱，故称。这种房屋充分利用斜面坡的地形，将平房和楼房合为一体。大门多开在后半部，无须楼梯上下。在布局上，有的人家在吊脚空地部分放养畜禽、堆放柴草、杂物等，有的则将第二层建成了畜圈、杂物房，形成三级吊脚楼。一般来说，大多吊脚楼二层前面为敞廊，有半腰栏杆，供休息；中间隔成两半，前半部分为堂屋，设有神龛和火塘，后半部分为老人卧室。三层以上则为子女卧室或禾仓。

侗族干栏式民居极讲究整体性结构，具有较强的立体感，柱、梁、枋、檩的组合构成其流畅的线条美，既坚固，又挺拔。在建造中，干栏民居以木构件的“排架”为基本单位。排架由柱及梁、枋组成。梁枋系水平构件，将柱枋串连一体。支承于梁枋上的短柱称为瓜或挂。柱瓜与穿枋均匀排列，构成美观的山头，成为穿斗木构建筑的显著特征。排架与排架之间的联系用枋、桁，即构成木构建筑的框架。

在造型方面，侗族很早就将朴素辩证法运用于民居建筑中了。如大小对比、明暗对比、虚实对比、疏密对比、点面对比、简繁对比、柔刚对比等等，都是古民居的造型手法。而其外观，在大面积的立面上嵌几个很小的窗洞，达到整体与局部、点与面的对比统一艺术效果。平整的板壁墙面，凸出壁柜、壁龛、挑廊、阳台、小间等，既打破了立面的单调感，丰富了建筑造型，又利用了空间，为室内增加使用面积。

知识链接 **挑廊** 侗民居最广泛的手法。挑，能使建筑产生飞腾、轻巧、通透之艺术效果，又使立面丰富、细微，形成强烈的反差和疏密对比。“疏能走马，密不通风”，虚实相间，疏密结合，给人以赏心悦目的视觉享受。这种传统造园的“借景”手法被用在民居建筑中，人居屋内，视线放出去，景物引进来，人与自然紧密联在一起。挑廊还于室内利用了空间，增加了使用面积。根据立面与使用需要，可以单面挑，双面挑，三面挑和走马廊四面出挑。

屋顶形式主要采用悬山和歇山两种。山墙常加单披檐或组合披檐予以美化处理。正立面与背立面灵活设置单层和多层披檐，既有对木柱板墙的防雨功能，也丰富了侗民居的建筑艺术。同时，侗族民居布局非常灵活，可形成半合空间、曲巷空间、骑楼空间、三角空间、灰空间、流动空间等。特别是民居形成的曲巷空间，有收有放、有开有合、有宽有窄、有露有盖、有明有暗、

堂安建房

有弯有直、有折有曲，构成许多奇特的灰空间与点、线、面结合的流动空间。许多曲巷相连，走过一巷一巷，还是弯弯的曲巷。组成一种极为感人的空间序列。

地面式民居

坝区和北部方言地区的房屋多为平房，建楼房的也多居住在楼下，楼上为粮仓和堆放杂物。大门开于前面正中间，进门一间为堂屋，堂屋内壁有神龛，左右房间为卧室或“火塘”房。厕所、禽畜圈置于房屋两侧。地面式民居与干栏式民居的最大区别在于，它是以底层作为主要居住面，日常生活多在地面层进行。与干栏式民居一样，地面式民居的平面构成要素可分为四类：礼

◀ 民居

仪空间——堂屋和火塘间；生活空间——卧室；交通空间——楼梯间及辅助空间。这种建筑式样受到汉文化较大影响，尤其是堂屋在住宅中处的位置及室内陈设与汉族住宅无异。

无论是干栏式民居，还是地面式民居，侗族人都十分讲究住房的建造，不仅方位要选择，而且砍树备料、发墨开工、立柱上梁、大门安置，以及中柱的砍伐及长度等都极为重视。一般来说，传统侗族民居为纯木制造，以三根或五根七根为主柱和矮瓜，串“穿枋”成排，结成两间、三间或五间房架。

建房习俗

按侗族习俗，建房的尺寸都有其不成文的规约。梁柱高度即房高往往带有“八”，如一丈六尺八寸，一丈八尺八寸，二丈一尺八寸，二丈八尺八寸等，以讨吉利。而房高及房屋周长的最后一位数字也必逢八，如房屋进深多为二丈八尺八寸、三丈一尺八寸、三丈七尺八寸……至于楼梯、窗格、火塘的尾尺寸则取六，尺寸最忌逢〇，因为“〇”为“断桥不利数”。主柱多遵循“房八”“圈六”“仓四”的原则，也就是屋柱、圈柱、仓柱的长度分别取八、六、四尾数，意为发财、高升、四季平安等吉意。这些固定的尺寸，正应合了“屋高逢八，万事通达”，“进深逢八，家发人发”，“楼梯逢六，挑谷上楼”，“火炉逢六，明火照千秋”，“窗格逢六，隔断鬼路”等侗族民间谚语。不仅如此，在选择梁柱上，侗族人也甚为讲究，如在榕江车江，梁柱以“香椿树”为贵，认为是木中之王；在天柱，以多株丛生的杉木为珍，现砍现用。砍树时，还要由儿女双全、家境富裕者先焚纸烧香祈祷，并放上“红包”作价，尔后才能砍树。

凉亭

侗族地区的建筑大多是本民族民间工匠建造的，他们一般不脱离生产劳动。建造房屋时，侗族匠师们一般是不需要图纸的，完全凭一根相当于木楼中柱长度的“匠杆”设计和下墨，同时根据主人的需求对宅基地做一番测量后，便形成了一座完整的房屋图形。除了技艺较高的建筑师外，大多数侗族成年男子在不同程度也掌握木工技术，家庭中也往往备有斧、凿、刨、曲尺、墨斗等木工工具，建房时，也参加立架的活动。

备好建房的材料后，掌墨师根据房屋的地势、楼层及尺寸等确定房屋的开间、进深，然后下墨、下料制作。一切准备就绪后，选择吉日，请完众神和祈求鲁班赐福，就可排扇立架了。在掌墨师的指挥下，将各个构件摆在应放的位置，然后用“穿”的方式将屋柱与瓜都串连起来，形成一榀（扇）屋架。立架即是将排好的扇屋架竖起来，用斗枋连接，完成整个房屋的主体构架。立柱上梁有的多在半夜举行，届时还用红布将碎银等包扎在梁木上，掌墨师脚穿新鞋，手持缠红布的五尺棍，登上云梯，边登边唱“上梁歌”。新房落成，须择吉日开门，唱“开财门”歌、吉利歌等。在许多侗族地区，一般是将堂屋、火塘及必要的卧室隔出后就可搬进新房，因为壁板、楼板的装修极费钱财、时间和精力，人们往往难以等待如此长的时间，故搬进新屋后，再根据需要慢慢装修、完善。

近30年来，由于城镇化的发展，人民生活水平质量的提高，加上木材减少以及村寨人口越来越密集、防火能力较弱等原因，传统的干栏式或平地式木楼逐渐减少，许多人家更多的是选择建砖混的小洋楼，侗寨的生态景观由此也发生了较大变化。

参展证
参展证

第五章
说款道规 婚恋家庭

侗族是一个追求正义、崇尚公正的民族。为了调节人与人、人与群体和自然的关系，维系社会秩序的正常运转，在长期的生活实践中，逐渐形成了一系列规约，如民谚所言，“乡有条，村有款”，“乡有乡规，族有族谱，家有家法，人有人道”，其中以侗款最为著名。2014年12月，由贵州省黎平县申报的“侗族规约习俗”（侗族款约）被列为国家第四批非物质文化遗产保护名录。作为繁衍后代、调节人际关系的一种重要方式，婚姻家庭也备受侗族人重视，并因之而形成一系列的习俗，体现了侗族的社会文化特色。

侗款

起源

侗款，也叫“款”或“门款”，是一种民间自治和民间自卫的地缘性组织，大约出现于宋代，并延续至20世纪50年代。对于其产生，《侗款起源》歌中唱道：

九洞款约碑

古时人间无规矩，父不知怎样教育子女，兄不知如何引导弟妹，晚辈不知敬长者，村寨之间少礼仪。兄弟不和睦，脚趾踩手指；邻里不团结，肩臂撞肩臂。自家乱自家，社会无秩序。内部不和肇事多，外患侵来祸难息；祖先为此才立下款约，订出侗乡村寨的规矩。

当初村无款规……内忧无法解除，外患无法抵御。有人手脚不干净，园内偷菜偷瓜，笼里偷鸡摸鸭。有人心起歹意，白天执刀行凶，黑夜偷牛盗马。杀死好人，造成祸事，闹得村寨不安宁，打得地方不太平。村村期望制止乱事，寨寨要求惩办坏人。

由此可见，侗款的起源与民间社会秩序的整束有密切关系。

侗款一般由款组织、款首、款坪、款约几个部分构成。

款组织

款组织有小款、中款、大款和扩大款之分。小款是款组织的最基层单位，它一般由邻近的几个或十几个村寨组成（有的称之为“洞”或“团”)，如“六洞”“九洞”“十洞”等小款；中款则由邻近的几个小款构成；大款是由邻近若干个中款组合而成，往往是一个较大的区域范围，如《开坪款》中所记载的大款区，共由13个中款区合款而成，包括今通道侗族自治县、龙胜各族自治县、三江侗族自治县，以及黎平与通道相邻的侗族地区；扩大款，也叫“联合大款”，是由几个区域大款或绝大部分侗族地区组织联合构成。在侗族历史上曾出现过“九十九公合款”的扩大款。它联合的范围，包括今湘、黔、桂三省（区）交界的整个侗族地区，是侗款中最大的款组织。通过小款、中款、大款和扩大款层层叠叠的联合，将侗民族整合在一起，使其内部形成了系统而严密的社会结构。

康熙年间的增冲款碑

款组织虽有大小之分，却无上下级关系之别，它们之间的联合建立在平等的基础上。同时，各类款组织均无常设的专门办事机构和专职办事人员，款首联席会议一般由通知开会的款首充任召集人。在联席会议内，各款首的地位也是平等的，他们均有权通过召集联席会议，共同研究、解决所出现的问题。

款首

各类款组织都有自己的头领，即款首，多由为人正直、办事公道、见多识广、德高望重、能言善道、熟悉本民族历史及款规款约者充任，许多款首还具有某种特殊的技艺专长，如为歌师、戏师、鬼师、武术师、款词讲述者等。款首平时处理本款事务，执行款规、款约，代表本款出席联席会议，贯彻执行大款决议

知识链接 各类款一般还有一个公务人员，称为“款脚”，简称“脚”，其主要职责是传递号令，通知开会，看守鼓楼。遇有紧急情况则擂鼓，吹牛角，点燃烽火报警。

等；外敌入侵时，则组织和指挥款众进行抵抗。款首一般都不脱离生产劳动，没有特殊的待遇，也无专门的办事地点和办事机关。他所进行的活动，完全是义务，无分文报酬。款首如不称职，随时可能被款众撤换或改选。

款坪

凡款都有固定的集会场所，称为款坪。有的款坪设在村寨的鼓楼坪上，有的则设在离村寨不远的比较平坦的山坡或河坝中，侗族民间念词《十三款坪款》叙述了流传于湘、黔、桂边界的13个款坪的地理位置及所辖村寨。款坪内没有什么特殊的房屋建筑，只有一个供款首念诵款词或发布号令用的土台或石台，此外还有象征或记录款会决议的款碑。款坪是款首召集款民集会，宣讲款规款约和执行款约的一个重要场所。“聚款”（犹如现在的立法活动）也多在款坪进行。届时，款首邀集寨老，款脚传报众人，大家相聚在一起，剽牛合款，歃血盟誓，聚众制定规章。

款约

款组织有其规章约法，称为款约或约法款，它是侗款这种综合文化体的核心组成部分，其内容十分丰富，涉及侗族群众生产生活的诸多方面，如婚姻家庭、道德规范、偷盗、纵火杀人、土地山林纠纷及保护、对外关系、农事、文学等等。小到日常生活的许多细节活动，如破坏别人家庭、弄虚作假、偷鸡摸狗、不尊老爱幼、不懂规矩礼貌，大到绑架杀人、勾生吃熟、开仓盗粮、对外抗敌等，在侗款的规约里都有不同程度的反映和治理条规。在长期的流传过程中，由于社会不断发展和各地域之间的文化差异，款约的内容也在不断发生增减和变化，但从总的情况来看，各地流传的款约基本内容大体相同。

如流传于广西三江侗族自治县的《约法款》共18条756句，分“六面阴”“六面阳”“六面威”三大部分，每部分又包括六个方面的内容。流传于湖南通道侗族自治县的《约法款》共12条362句，分“六面阴”（亦称“六面厚”）和“六面阳”（亦称“六面薄”）两大部分，每部分也包括六个方面的内容。其中“六面阴”多为重罪，如破坏风水、斩断龙脉、开仓盗粮、拦路抢劫、放火毁林、谋财害命等，对犯者一般都要敲锣喊寨及处以死刑等重刑；“六面阳”多为轻罪，对犯者一般采取罚款、赔偿、悔过等方式处理。三江侗族《约法款》中的“六面威”属一般的礼仪或道德要求，如提倡相互尊重、热情好客、和睦共处、避免纷争、秉公断案、依约行事、齐心合力、治理村寨等，对犯者则以劝教、警告为主。

款约在传统的侗族社会中起到了法律的作用，这主要表现在它对当地群众具有约束力、强制性，起到外在的社会控制作用，“碰石者伤，违约者罚”，“人人引以为戒，寨寨同护其威”，而且款约面前人人平等。同时，从款约中我们还可以看到，它对各类案件的处理是有分寸的，按犯款行为的情节轻重，分别给予批评教育、罚款、劝其改正；对执迷不悟及重刑者，则体罚、驱逐甚至处死，其目的就是要建立“法”的制度，以保境安民，打击盗贼，整顿风气，使整个社会处于有序的状态中。

款首召集款民聚集在款坪前宣讲那些不成文的、枯燥乏味的款规款约时，为了使群众更能心领神会，扩大宣传影响效果和便于传诵、记忆，他们就不断增加款词的生动性、形象性、比喻性、风趣性及合辙押韵的色彩，使其成为具有文学艺术色彩的款词。

知识链接 款词是一种有节奏感的韵文，吟诵起来朗朗上口。其内容亦相当广泛，凡款约所包含的内容，款词均有涉及，并形成了五彩缤纷、内容各异的数十类款词。为了让群众了解和记诵不同类型款词的内容，他们还习惯于给款词标上名称，如“款坪款”“约法款”“创世款”“族源款”“习俗款”“英雄款”“出征款”“祝赞款”“请神款”“祭祀款”“道德款”“花款”“吴勉款”“开款”“聚款”“约寨款”“礼仪款”等等，是侗族政治、经济、文化、社会生活诸多方面的反映，也是该民族一种综合性的文化载体。

由于款组织在历史的发展过程中逐渐演变，有的甚至在一些侗族地区消失或趋于消失，而以“款词”这种文学形式保留下来的许多民族文化内核却得以传承，从这个意义上来说，款词在侗族民间文化传承方面显得尤其重要。它既是侗族民间文学的一种形式和传统文化的主要内容之一，又是保存、传承发展侗族传统文化的载体；它积淀了侗族千百年来的精神与物质创造，是该民族智慧的结晶。

正是因为侗款这一独特的民间法典，使其能够深入民心，家喻户晓，也使侗族村寨长期保持着路不拾遗、夜不闭户的和谐环境。

村规民约

“村寨要有条规，山场要有界石。”侗族人严于律己，在政府基层组织尚未渗透到村落以前，民间多由寨老、族长等自行管理，并形成族有族规，寨有款约，以法治村、以规治寨的习尚。

除暴安良碑

民国之后，随着保甲制度的推行，一些地区的款组织逐渐衰落。新中国成立后，基层组织建设渐渐完善，乡村建设日益规范化。但由于政府管理力量有限，许多村落仍然借助于民间力量进行自我管理，并形成了许多村规民约。这些规约充分体现了乡民们的自我管理能力和与时俱进的认识。

如黎平县坝寨乡青寨村村规民约规定：

第21条：外地商贩在本村区域范围内非法经营木材、药材的处以50~100元罚款，可并处没收；

第22条：盗伐林木、经济林，除退回林木或赔偿损失外，另按盗窃10~20倍罚款，并补造10倍的相应林木，保栽保活；

第23条：禁止砍伐风景树、古树、护路树、水源树，违者除没收树木外，并按树蔸（土平面）周围每寸5元罚款；

第24条：严禁在幼林区内放牧，违者，每头（牲畜）处以

10~20元的罚款，并赔偿损失和补造3倍树木；

……

第50条：山林、田土纠纷，发生在组与组之间、组与户之间的由村民委员会调处；

护桥公约

第51条：擅自在他人自留山、责任山内偷砍他人柴火的，每挑处以20~50元的罚款，每扛处以5~20元的罚款，并没收柴火。

广西三江县独峒乡干冲村对于林木的保护也制定了相应的村规民约：

第九条　乱砍滥伐

1. 乱砍滥伐集体（包括责任山）杉、松幼林，每株罚款5元。

2. 盗伐杉木者，除追回原物和赔偿损失外，另给予30~300元的处罚。

3. 盗伐松木者，凡胸径在4~12厘米以内的，每株罚款5~20元；12厘米以上的，除退回原物或赔偿外，另给予10~100元的罚款处理。

4. 楠竹、春笋大小不论，除退回原物外，每株（个）罚款5元。

5. 乱砍风景林、水源林、护路林等，幼树每株15元，成林50元，并退回原物或折价赔偿。

6. 经济林、果木林不准乱砍，违者，幼树每株罚款15元；已结果的，每株30元，并要赔偿三年以上的经济损失。

7. 因放浪猪、牛、羊而毁坏林地苗木（不分种类）或田地庄稼、红花草等，苗木每株罚款5角；吃红花草等，每亩赔偿损失20元。放进田地、林地的耕牛被抓获，牛主应为每头牛缴纳5元罚款；需管理的，牛主还要为每头牛每天付3元管理费。

8. 擅自进入他人自留山、责任山、封山育林区砍柴的，每担罚款3~5元，并退回柴火。

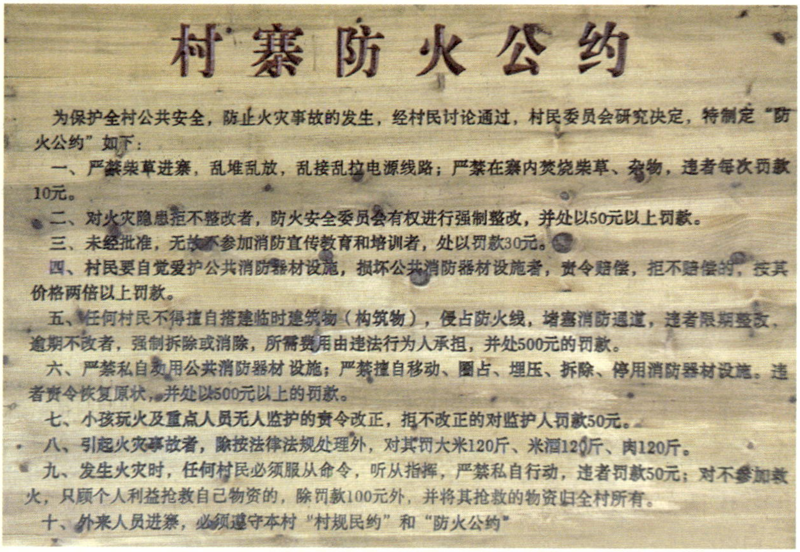

防火公约 ▶

由上可知，无论是款约还是后来衍生的村规民约，侗族是一个善于自我管理的民族，具有较强的法制理念，其制定的规约贴近百姓生活，可操作性强，且易于让百姓接受和理解，反映了侗族人追求秩序井然、和谐生活的意愿。因而，在遇到实际问题时，人们更多选择民间的习惯法来解决，成为国家法律的重要补充和地方治理的有效途径。

坐夜·赶坳

侗族人既内敛又开明，既浪漫又守规，人们遵循传统文化的逻辑安排日常生活，但并非完全的不近人情，不通常理。表现在对青年男女交往方面，虽然侗族人鄙视乱规乱伦者，但对正常的交往却大力推崇，故而青年男女谈情说爱甚为自由，如坐夜、赶坳即是。按民间习俗，青年男女到了成年，不分辈分常常三五成群结成“朋友圈”，白天可相约一起劳动，夜晚可行歌坐月，谈天说地、对唱情歌，年节时，还可玩山赶坳，生活情趣盎然。

坐夜

坐夜，是侗语音译，史书中称为“行歌坐月”，是南部侗族

▲

坐夜

地区青年男女交友和谈情说爱的一种方式。夜幕降临，“朋友圈”的姑娘们便聚集到某一位姑娘家（俗称“姑娘堂”），或纺纱或绣花或纳鞋垫或编织，有时跟歌师们学唱歌，但更多时候是在静候小伙子们的到访。结伴走村串寨的小伙子们听到屋内有姑娘们声音，便敲门或以歌对唱，请求开门。小伙子们常常手拿牛腿琴或琵琶，与姑娘们一起唱歌、聊天，时常至夜半三更，甚至天明。坐夜过程中，大家谨遵规矩，不乱说乱动，否则会遭到鄙视。一来二往后，某对青年男女如情投意合，便可送定情物，男青年会主动提出买糖、肉等给姑娘们煮粥喝，姑娘们则会送鞋垫、花带等之类给情郎。过去常以一枚铜钱破成两半，男女各持一半，表示定下终身。随后，男青年还会与父母商量，并找本家族中“命好”者前去提亲。当然，相恋者不一定都能结成夫妻，

知识链接 **《坐夜》** 2012年，三江侗族自治县引入民营资本7 000多万元，打造了实景演出剧目《坐夜》。剧目自2011年10月1日上演以来，演出超过100场，观看人数6万多人，为剧团创下100多万元的收入，成为三江一张文化名片。

因为婚姻不仅仅是一对青年男女的事，还关系到整个家庭、家族，但人们一般会促成一对有情人。这一独特的青年人交往方式，不仅能使其释放青春的活力与激情，同时还保留和传承了许多侗族的传统文化技艺，如礼俗歌、乐器、纺织等。

赶坳

玩山赶坳是北部方言区侗族青年男女谈情说爱的一种社交方式，玩山的地方叫“花园”，一般在小山坡上，或大树下，或路旁绿茵草地与野花丛中，以及屋边、仓脚、木头堆上等。玩山多在农闲时，以集体性为主，晚上、白天均可。本寨的玩山通过生产劳动、走寨串门约定时间，或男子到女家楼下吹口哨、打响舌声相邀，然后一起到“花园”唱歌、谈情说爱；与外村寨的玩山，主要通过赶场（集市贸易日）、走客探友、长辈牵线搭桥、赶歌场、联寨斗牛和吃牯脏等活动进行。每逢赶场，小伙子、姑娘们身着盛装，成群结队来到集市。如遇到中意的对象，就用表情、动作暗示，或派代表去邀请，还有的唱歌相邀。经过几次约会后，双方逐渐加深了解，某对青年男女互相中意者便形成固定的情伴。当感情进一步加深后，有时就不再集体玩山，而是两人单独约会了。结了伴的男女，在以后的日常交往中，也经常互赠礼物，以增进感情，如男子送给女子镜子、手绢、头绳之类；女子送给男子自己编织的细草鞋、绣品等，以展示自己的手艺。结成情伴的男女，有的会向婚姻方面发展，也有的因移情别恋或认为感情不和而中止了关系。

依侗族习俗，实行家族外婚制，无论是行歌坐月还是玩山赶坳，如果姑娘群中有自家姐妹或堂姐妹，无论远近，男子均要回避，否则会被认为不守规矩。

爬窗约会

不落夫家

过去侗族一般实行民族内婚，家族、房族外婚，择偶范围以本村寨为主，兼及邻近几个村寨，如贵州省从江平江婚姻缔结的范围是“以八吉为上盖，以苏洞寨为下底”，只限在30公里左右的沿岸侗寨进行婚嫁。而九龙寨的通婚范围也大致在20公里左右，一般是历史上形成的“三百款”内，即九龙、中寨和罗寨，但本寨内通婚仍占主导。榕江车寨的侗族婚配也多在本寨不同家族或房族间进行。择偶时对于个人的素质、家庭经济状况、家庭背景、居住地、社会关系、年龄等方面都十分重视，尤其讲究所谓“根骨”，即“知根知底”。

历史上，侗族盛行过“姑舅表婚”，即在适龄范围内，舅家儿可优先娶姑家女。俗语“树最高的是杉，人最大的是舅”。不过，这一习俗以及族内通婚现在已经发生极大改变，远嫁远娶、与外族通婚在侗族地区已不鲜见。

婚姻的缔结一般经过婚恋择配、说亲、订婚、讨八字、迎娶等过程。因地区不同，侗族的婚仪也有一定差异，但均选择

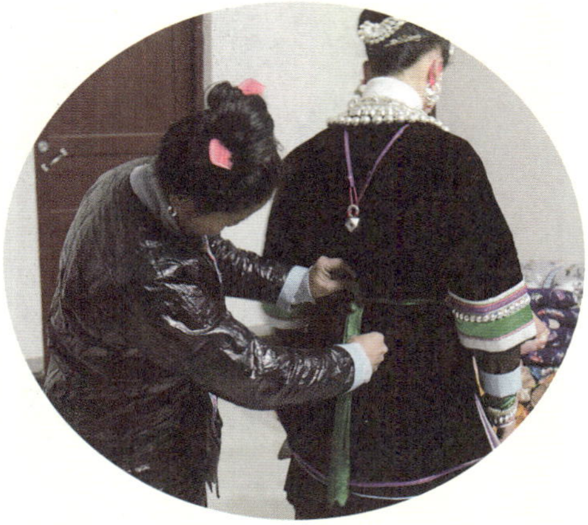

待嫁

良辰吉日接亲，且新郎大都不亲自接新娘，而是由亲朋好友组成接亲队伍前往新娘家迎娶。新娘出门，则由娘家的亲朋好友组成送亲队伍，打着油纸伞伴送至夫家。婚礼过程中，接亲与送亲队伍往往对歌达旦，热闹非凡。剑河小广一带的侗族，新娘出嫁，母亲给一个小包袱，里面装有一套换洗衣服，一双布鞋，两条花围腰带和一些简单的生活用具。据说，新娘不穿新衣不送嫁妆，是要让其靠自己的劳动去换取，新生活靠自己去创造。婚礼举行，并不意味着新郎新娘就可以马上开始新婚生活了，在许多侗族地区，过去还流行“不落夫家”的习俗。

“不落夫家”也叫“坐家”，是指新婚之时，新郎新娘不同房，新娘在婚礼后即转回娘家，待到逢年过节或农忙，或夫家有大事之时，才由夫家派人接回与新郎同房，但次日或事后即返回娘家，直至怀孕，才长住夫家。在榕江，婚礼后，当新娘离开新

迎亲

郎家时，悄悄在衣柜中放一物品暗示新郎。若放围腰即暗示当年春节可接回，放衣服即次年可接，一样不留则是三五年后再接。在不落夫家期间，新娘仍可与做姑娘时那样“行歌坐月”，新郎也如此。坐家时间长短不一，短则一二年，长则甚至十余年，有些地区有“三年上，五年下”之说。有的在婚礼后当年除夕或次年二月初二，接新娘回去，也有的在婚礼后不久择吉日接回。届时，男方派一老妇率几个小孩到新娘家，见到新娘即将之强行带回。所以，每到年节，新娘往往外出到亲戚家躲藏。即使有时被抓住，新娘也得设法在其同伴的帮助下逃走，或者公开表示谢绝。如果三年以上新娘仍未怀孕，男方就可派一位已婚妇女和几个姑娘去“抢亲”。女方知道后，就外出躲藏。如果被“抢”去了，在夫家待上三五天，又可以逃回娘家，直至怀孕。故有不少侗族人，往往等到怀孕、生育后，才正式置办嫁妆、家具、生活用品和衣物等，媳妇在婆家也才有正式的地位和身份，此即意味着一个小家庭的正式诞生。不过，这一习俗在许多地方也正渐渐淡化，新婚后没

母亲哭别女儿

送亲

几天，新郎家就会以这样或那样的借口将新娘接回，加上侗族青年男女现在普遍婚龄增大，生育时间较过去延缓了许多，所以“坐家”也仅仅成为仪式中的象征性过程而已。

婚姻家庭

侗族婚姻实行一夫一妻制，男娶女嫁。一般男女年纪在十四五岁，便开始参加社交活动，“生女开门迎郎，生男走寨赴约”。婚姻的缔结，有的由父母包办，更多是经过自由恋爱，由父母主持成婚。如果双方情投意合而家人不同意者，则行逃婚或拐婚，它们均属于不光彩（“不通光”）的偷婚（“买偷”）。逃婚多为双方家长不同意，或父母将儿女的婚配另有所指，青年男女不同意，又无法解决，只好约定时间双双逃走，躲藏在亲戚朋友家。经过一段时间后，再请好友到家中疏通，如家人同意，才双双回到男家；如不同意，也有远走他乡异地的。而拐婚多见于女方家不同意。“拐”时，一般男子与女子约好吉时，然后将姑娘“拐”至家中或放在亲朋好友家，之后再请人到女方家说情撮合。如女方家认可，男方家即备礼物到女家道歉，并定下娶亲的日子，一般由男家准备酒菜抬到女方家招待其亲朋好友，表示赔

车江侗寨婚礼

礼道歉，侗语叫“蓄纳”，意为“洗脸”；如女方家不同意，男女双方只好私自结亲，待以后有机会再到女方家“认亲”。

侗族多为父系小家庭，家庭结构以夫妻为核心的两代同堂小家庭为主，亦有三代或四代同堂者。民谚说：“女大总要出嫁，男大总要分家”，“家家有男承父业，家家有女嫁人家”。家中如有两个以上儿子，一般儿子婚后或有孩子后即与父母分家另过，父母选择其一共同居住，一般以小儿为多，并由其尽养老送终的主要职责，外嫁的女儿一般不承担赡养父母的义务。分家时，多请房族和寨老到场，商议田、土、山林、地基、耕畜以及其他财产的分配，而女儿不参与上述财产的分配，只享有母亲陪嫁的布匹、银饰、编织工具以及“裙脚田”（姑娘田，但不能传给子代）等东西，如民间俗话所说：男有田塘管家业，女无田地去人家。如无子女者，可以立嗣继承，房族无权过问，绝户则按“有房归房，无房归戚，无戚归众”习俗处理。另，有女无子者，女儿也可招婿上门，继承家业，但这种情形在侗族地区不多见，在人们看来，家中无儿已是脸上无光，再让女儿养老送终更是丢人。

侗族妇女

家庭中，一般由男性掌管家中大事，以父亲为家长，由他负责管理家庭的经济收入和使用，安排全家的主要农活，代表全家参与各种社会交往，如请客、送礼、奔丧、贺喜等。当然，有些活动则由女性主导，如三朝酒、满月酒等。如果男性家长早逝，儿子尚幼，则由母亲当家，儿大后如有能力，亦可当家做主。

男主外，女主内，男行天边，女坐屋里，是侗族家庭内部分工的写照。除了农活，男子农闲时也做些编竹、打铁、到外边“苦钱”的活计，女性则主要从事家务劳动、养儿育女、侍奉老人、纺纱织布等，一天到晚难有闲时。通常来说，侗族人家的家庭关系较和睦，虽然男性家长掌握主要大权，但妻子和成年子女对家庭大事也有发言权，重要事情大家共同商议决定。宗族的一些活动一般由男子参加，但男子不在家时，女子也可代之参加。

如果家中出现父母不尽责、儿女不尽孝，夫凌妻、兄欺弟妹等事，往往会遭到房族人的干涉和寨人的谴责，“敬父敬母村寨夸，饿父饿母村寨贬”。如果某家人或某人过于强悍，不懂道理，不讲谦让，常常嫁娶不易，人们会认为与他们太难相处，与这样的人家结亲，别人会嫌弃，自己日子也不好过。对于那些夫妻同心协力、和睦的家庭，村人往往以之为楷模，男女主人也受到人们尊敬，大凡事务会请他们参与，尤其是婚嫁之事更是如此，无形中多了许多社会资源。故而，民间还有许多谚语表达夫妻和谐的重要性，如“亲不过父母，近不过夫妻”，“女子贤，家团圆；男子贤，日子甜”，“合心夫妻清汤泡饭味也美，冤家夫妻大鱼大肉也难吞”，“少年夫妻老来伴，一天不见问三遍”，“夫妻要和睦，老幼不相欺”等等。

侗族人重视家庭和睦邻关系的营造，对于破坏婚姻者，不仅要遭到舆论谴责，还要受到民间习惯法的惩罚，如款词《六面阳规》说道：

窝中夺鸡，炕上抢谷。抢生妻，夺熟妇。灶尾抢少妇，灶头抢新媳。破人家金夫银妻，坏别人美满姻缘。把他押去横躺江口，把他押去冷卧岩洞。

流传于六洞和二千地区的《十二款约》也说：

偷牛死在圈边，偷妻死在床边，拐骗人妻，私通人妇，抓得住，拿得双，打伤勿论，打死勿言。

侗族夫妻关系一般较牢固，尤其是那些已当家立业、生儿育女者，民谚说：马配双鞍怕人讲，女嫁两郎遭人议。容易提出离婚的，多是订婚或妻子在“坐家”期间，如湖南通道侗族，妻子坐家期间，夫家多次派人去接，仍不愿回夫家，或到夫家后，将夫家水缸担满水并溢出，意要离婚，夫家见状，也不再派人将其接来，准备离婚。或担一挑水放在男家门口，表示要离婚；若男的不要女的，就挑一担柴放到女家门口即走回，表示要离异。如是女方反悔，男家房族人到女家论理，要求赔偿；如是男家不愿，女家房族人即到男家论理索赔，赔款俗称“洗夫（妇）钱”。离异后可再嫁再娶。不过在侗族地区，离异极少，除非感情实在不和、婚后不生育或男盗女娼、做些伤风败俗的事后引起对方不满而离异。鳏夫寡妇亦可再嫁再娶。寡妇再婚，不受家人和社会的干涉。一般而言，年岁过了四十者，由于子女已长大成人，再续弦或再嫁，会招致笑话，受社会舆论谴责，故较少再婚。

房族·家族

侗族多聚族结寨而居，常以族姓为纽带进行活动。有的一寨一姓，有的虽然一寨数姓，但各姓都有一定的范围，自成群体。寨内由若干血缘亲近的家庭组成“亲房”，各家女儿配婚，要得到亲房的认可；房屋、田地、山场出卖要优先亲房后外人；婚丧大事，亲房必须拢场；有人行为不轨，亲房有职责出面干预。若干亲房组成“房族”，即“兜”（有些侗族地区称为“补拉”），若干“房族”组成“宗族”，公推“族长”主持处理族内事务。家族长必须是德高望重、办事公道的能人担任，凡家族内的大小事务均与之商量拿主意，与其他家族或村寨的联系和交往也都请族长出面。族长对内召集款众订立款约，主持公道，调解内部事务，裁决纠纷；重大问题经族长或寨老调解无效，才上告官府了结。族长解决纠纷无报酬，只受一两餐酒饭招待。族内重大事件

侗寨金秋

由族长召集全族会议商讨，一般由各户的男主人参加，无男户主的由女户主参加，均有发言权和表决权。一经议定，共同遵守，并将议约立碑刻石于寨门、山坳祠堂、坟山，内容包括族规、田地、山坡、森林、水流、财产、婚姻、居住、丧葬等方面，违者必罚。在生活、节日、婚姻、丧葬等方面，族内成员都有相互帮助的义务。1949年以后经过土地改革，祠堂的公有田地被征收分配，宗族活动逐步停止，宗族观念日益淡薄。一般来说，在日常生活中，当人们相互需求时，真正起到联系各个小家庭作用的是“房族”。房族按血缘远近还可分为大房族和小房族，小房族中的各个小家庭之间关系相对亲密些。

锦屏侗族盛装女子

在某些侗族地区，按照习俗，当一个“房族”发展到50户以上时，通常要分为两个房族，其主要目的是减少亲属往来中的负担。分开后的房族，虽然都各自办理其内部事务，但仍保持一定的亲情，且有的居住地连成一片。在部分侗族地区，有的村寨从地缘空间上又划分为不同的“团”（往往包括一定数量的户数），在许多“团”中，实际就是由原来的大房族组成。历史上，房族不仅是村寨的基层组织，也是款的基层单位。可以说，房族在村寨结构中充当了重要的联络环节，是村寨事务运转的基本组织。

另外，一般侗族地区每寨都有寨老（侗语称样老），格有格老（侗语称垌老），寨上的大小事务由他们决定。这些寨老、格老有自然形成的，也有选举产生的，他们一般都要为人正直，能说会道，精通侗族古歌，办事公正合理，日常生活中，有事理事，无事生产，无报酬俸禄。如某寨老办事不公，出现假公济私的行为，不仅要受到谴责，而且其威信也逐渐下降，渐渐失去村民们的信任，寨老资格也就丧失了。历史上，寨老们依据乡（村）规民约处理村寨事务，对维护侗族地区正常的社会生产和生活秩序、兴办公益事业、组织群众娱乐活动、传承民族传统文化等方面起到了重要作用。

第六章
能歌善唱
舞蹈戏曲

“饭养身，歌养心”，侗族地区被誉为“歌的家乡，诗的海洋”，“汉人有字传书本，侗家无字传歌声。祖辈传唱到父辈，父辈传唱到儿孙”唱歌也成为人们生活中不可或缺的一部分，“老人教歌，年轻人唱歌，儿童学歌”成为民间传承传统文化的重要方式。侗族的歌种类繁多，内容丰富多彩，善用比喻修辞，讲究即兴表演，曲调优美动听，感情丰沛，具有浓郁的民族特色。歌舞相伴，侗族舞蹈形式多样，反映了侗族人民对生活由衷的热爱。戏曲是一种综合艺术形式，侗戏、傩戏糅杂了汉侗文化特色，是侗汉人民相互交流、交融的结果。歌舞戏曲共同构成了侗族艺术的主要表现形式。

琵琶歌

侗族的歌一般可分为大歌、小歌、礼俗歌、琵琶歌等。大歌，侗语称为“嘎老”。“嘎”即“歌”意，“老”即“大”之意。“大歌”是群众性的合唱歌曲，主要流行于贵州黎平、榕江、从江及广西三江等南部侗族地区。侗族大歌种类较多，主要有叙事大歌、抒情大歌、礼俗大歌、鼓楼大歌、戏曲大歌等。叙事大歌多冠以人名，如《嘎闷龙》《嘎元董》《嘎大用》《金汉之歌》《娘美之歌》《榴美之歌》《奶岭之歌》《孔子之歌》等。小歌内容则以男女青年在行歌坐月或玩山时唱的情歌为主。一般采用独唱或对唱的形式。歌词短小优美细腻、情感真挚，常用比喻托物寄情，曲调灵活自由，音调平稳和谐，侗语称为“嘎腊”。南侗地区的榕江、从江、黎平等县，情歌统称为“走寨歌”或“坐夜歌”；北侗地区的天柱、锦屏等地则统称为“玩山歌”；而湖南通道和广西三江一带则称“土王歌”“大戊梁歌”等。

琵琶歌弹唱

琵琶歌是侗族民间流传的曲艺类音乐，是一种自弹自唱的说唱诗歌艺术，因用民间制作的琵琶作乐器伴奏而得名，侗语叫“嘎琵琶”。

侗族琵琶与汉族琵琶迥然不同，而酷似三弦。它分大、中、小三种类型，多数装有四根弦，也有装三根、五根弦的，其音域宽广，幽雅纯正，铿锵清脆，使人听之即获美的享受。

在侗族地区，琵琶歌流传甚广，深受侗族同胞喜爱。流传区域内的侗族琵琶歌多元一体，既有共性，又有不同地方的差异性，形成了不同的风格。琵琶歌以男歌手自弹自唱为主，也有男弹女唱，男女多人弹多人唱的。

知识链接

根据弹唱的形式和表现手法的不同而分为两种，一种就叫“琵琶歌”，一种叫“琵琶经歌”。

琵琶歌是由歌师自弹自唱，不加说词的长篇传奇叙事歌，称“嘎长”（侗语，意即长歌），如广泛流传于侗族乡村的《珠郎娘美》一歌，可以说是长歌中的最佳范例。

琵琶经歌也叫“嘎经”，它是一种弹、唱、说三结合的琵琶歌，有着完整的故事情节和众多的人物性格。弹唱琵琶经歌的歌手，一般都有精湛的弹唱技艺，有超常的语言表达能力和丰富的面部表情，歌师弹弹唱唱，讲讲说说，能声情并茂地把故事中人物的喜怒哀乐都表现出来，而且每首歌都有《开头歌》和《结尾歌》。

按照琵琶歌演唱的方式、使用的琵琶类型、演唱的特点等，还可以分成不同区域的琵琶歌，著名的如有：三宝琵琶歌（又称车江琵琶歌）、晚寨琵琶歌（又名四十八寨琵琶歌）、平架琵琶歌（亦称洪州琵琶歌）、六洞琵琶歌、寻江琵琶歌等。

侗族琵琶歌内容广泛，除了弹唱情歌外，诸如神话、传说故事、历史事件、人情世故、伦理道德等，均可入歌弹唱，且比喻生动，夸张得体，语言朴素，具有浓厚的民族特色和强烈的感染力。

琵琶歌手队

2006年5月，由榕江县、黎平县共同申报的侗族琵琶歌被列为第一批国家级非物质文化遗产保护名录。

礼俗歌

侗族人喜爱唱歌，他们往往用歌来表达心中的感受和情怀，歌声遍于他们生产生活的多种场景，将气氛烘托得更富有人情味，礼俗歌即是侗族群众在各种社交场合或婚丧仪礼中所唱的歌，主要有拦路歌、开路歌、酒歌、盘歌、赞歌（包括吉利歌、吉利词）、苦歌、哭歌、踩堂歌等。

歌师演奏

拦路歌和开路歌，是侗族青年男女进行社交活动时唱的一种歌。在男婚女嫁的喜庆日子里，当男方派人来接新娘时，女方寨子的青年们故意在路上用板凳、纺车、织布机、禾秆草、干辣椒、竹篓、鸡笼、风车、木马等设置障碍，以歌发问，让对方唱歌对答，谓之“开路”。还有的是在节日时，村寨之间邀请唱歌演戏，宰猪款待对方，借此扩大交往，加强彼此间的联系，侗族称之为“吃相思”。当客人来时，主寨年轻人即故意设障拦路对歌，让对方回答。有的年轻人还往往借此机会向所爱之人表达爱意。

侗家姑娘表演

▲

歌曲表演

酒歌，多在酒宴中唱的歌。曲调或悠长婉转，连绵多情，或高亢激昂，热情奔放，歌中充满了对对方的敬意，同时也夹杂着幽默、谦逊、诙谐的情趣，表达了双方诚挚的友谊。

盘歌，即以问题的形式让对方猜答，歌中唱词比喻形象生动，生活情趣浓郁，往往在社交场合中演唱。如："什么吃草不吃根，什么睡倒不翻身？什么肚里长牙齿，什么肚里长眼睛？"答："骡马吃草不吃根，岩头睡倒不翻身。磨子肚里长牙齿，灯笼肚里长眼睛。"

赞歌，即对对方的盛情、友好、美丽、善良、村寨、房屋、家庭等等的赞誉，也有歌颂正义、歌颂英雄人物、歌颂一切美好事物的。如歌颂杨太公救飞山、歌颂吴勉等。赞歌语言明快，节奏感强，形象生动，想象力丰富。

苦歌是侗族群众在新中国成立前对各个历史时期所遭受的压迫和剥削的控诉，也是对自己生活遭遇的叙述，如《都江谣》中唱道："沿河上下三千寨，村村寨寨住侗人。过去侗家苦最深……财主豪绅如虎豹，保长派款又抓兵。""河边淘'芒'（即

学歌

蕨根）的侗家女，破衣烂裙泪纷纷……”又有《长江叹苦歌》《乡长吃人肉》《城里来了中央兵》《古溪河谣》《乙酉大水歌》等，从不同的角度反映了侗族人民在受压迫受剥削制度下所度过的苦难岁月。

哭歌是侗族老人丧事时唱的一种吊唁歌，内容多为对死者生前苦难遭遇的怀念、对老人品德的赞颂，以及自己悲痛和哀悼之情的表达。

劝世歌：主要反映了侗族人的人生观、道德观，其特点是说理性强，将抽象的道理用形象生动的比喻娓娓道来，使人们易于传诵接受，如有“劝酒歌”“父母歌”“劝男人”“劝妇人”“劝用功学”“劝媳妇歌”等。

芦笙·箫笛·牛腿琴

侗族人善唱歌，也喜爱用乐器来伴歌伴舞。除了上述的琵琶外，在侗族民间，芦笙、芒筒、箫笛、牛腿琴也别具特色。

芦笙表演

▲ 芦笙演奏

2006年5月和2008年6月，玉屏箫笛和侗族芦笙分别被列入第一批和第二批国家级非物质文化遗产名录。

芦笙

芦笙，侗语称为“伦”，全器一般由笙斗、笙管、共鸣筒、簧片、箍等部件构成。笙斗用杉木制作，笙管和吹管用水竹制作，共鸣筒用楠竹、白壳竹或笋壳制作，箍用绵竹编制，簧片用响铜制作。各部件的大小、长短，均视芦笙的型号而定。笙斗多呈纺锤形，长60~70厘米，上接一段外径1.6~1.8厘米、内径0.8~1厘米的小竹管做吹嘴。笙管分两排，成75°~90°交角插于笙斗，上段集于一束，以绳捆拢。笙管数量、长短不一，有六管、八管、四管等多种。管长依其序列及芦笙型号而别，最短者约20厘米，大型芦笙最长达9米。一般外径1.4~1.5厘米，内径1~1.1厘米。每管近斗之上各开一按音孔，入斗部分装以铜质簧片。演奏时，双手捧扶笙斗，手指分别按两排笙管按孔，口含吹嘴，吹吸发音。芦笙音色视音列、调式或饱满丰厚、共鸣充实，或纯净清亮、轻盈明快，或柔和圆润、愉悦甜美。侗族芦笙可分为由芦笙队吹奏并有共鸣筒的“宏声笙”（侗语称为“伦瓦”）和单独吹奏且无共鸣筒的“柔声笙”（侗语“伦麻”）。

牛腿琴
弹唱

箫笛

箫一般有5个音，用薄蜡纸或小铜片作舌簧。笛，侗语称为“介各”“济各斯”，长30~40厘米，管身开6个按音孔，竖吹。吹奏时可用口鼻循环换气，使声音连续不断。贵州玉屏侗族地区所产的箫、笛，在1913年英国伦敦国际手工艺展览会上获银奖，1915年在美国旧金山万国巴拿马赛会上获金奖，深得各国人民赞誉。箫、笛多用于小伙子与姑娘夜间谈情说爱时吹奏，亦可用于独奏或伴奏。

牛腿琴

牛腿琴，侗语称为“格以”，是侗族特有的弦鸣乐器，形似水牛大腿，故名。琴长50厘米，用整块杉木制成，下端挖空，以薄桐木蒙面做鸣箱，上端装有两个木轸，采用铜丝弦，用马尾或麻弓拉奏。演奏时，将琴的尾端放在左胸前，左手执琴，右手执弓拉奏。其音色低沉委婉，常与琵琶一起为唱歌伴奏。主要流行于贵州榕江、从江、黎平及广西三江等地。

多耶

“多耶”，盛行于黎平、榕江、从江、通道、靖州等县。舞蹈时，或男或女，或男女混杂，手牵手，或只手搭肩，围成圆圈，

用整齐又有节奏的步伐，边绕边唱，边甩手为拍，基本动作有进步摆、退步摆、哆也步、圆圈向顺时针方向前进或向逆时针方向后退。舞者上身挺直，目视前方，身子随脚跺地时左右摆动。前进时有进三步停一步、进三步退两步、一进一退等舞步。节奏多为2/4、3/4拍子的舞曲，或由一人领唱众人合，或男唱女答，唱词中穿插有衬词衬句，如“耶落呀”“耶呀耶落呀”。整个舞蹈场面热情洋溢，歌声嘹亮，充满团结吉祥的气氛。2013年，为宣传侗族的“多耶”文化，三江县成功举办第十届“中国（柳州·三江）侗族多耶节”。

▲

踩歌堂

◀ 多耶

除此，侗族还有“龙喘”舞、芦笙舞、龙舞、狮舞等。

“龙喘”是由青年男女分两路纵队，先由外向里绕，再由里向外旋，盘成罗圈，犹如长龙迂回。这些舞蹈，人数不拘，动作简单，古朴庄严，多在祭祀或集会时表演。

芦笙舞，则由舞者自舞自吹，参与者多达百余人，但也有独吹独舞者。其动作多模拟人们的各种劳动和动物形象，活泼生动，朴实自然。

侗族舞蹈虽然舞步简单，但参与人数一般较多，是侗族人民集体的思想表达。

侗戏·傩戏

戏曲是一种融文学、音乐、舞蹈等内容的综合性艺术形式。在与其他民族的交往中，侗族群众逐渐接受他们的艺术形式，并将之改造为符合本民族欣赏习惯和心理需求的表演方式，形成风格各异的戏曲。侗族主要的戏曲有侗戏、傩戏、地花灯等。

侗戏

侗戏，侗语称为“戏更”，是我国民间戏曲中的戏种之一，是侗族人民在长期的劳动生活中所创造，具有独特的民族风格，流行于贵州省的黎平、从江、榕江，湖南省的通道，广西壮族自治区的三江、龙胜等地的侗族村寨。大约在元代，在侗族地区出

地扪戏台 ▶

现了侗族传统艺术形式“垒”（念词）和“嘎”（歌）结合起来叙述故事，塑造人物形象，并由一人自拉乐器或自弹琵琶伴奏的、唱演相结合的“锦”。明末清初，一些汉族剧种如湘戏、桂戏、彩调等逐渐传入侗族地区，它们在丰富侗族群众生活的同时，也影响和推动了侗戏的产生。

侗戏台落成

侗戏卜宽剧照

清道光年间，贵州黎平茅贡腊洞村侗族知识分子吴文彩（1799—1845）于道光八年（1828）至道光十八年（1838）间，根据汉族书籍《朱痕记》和《薛刚反唐》翻译改编成用侗语演唱的侗戏剧本《李旦凤姣》和《梅良玉》，同时设计了侗戏平板唱腔，侗戏由此诞生。

侗戏最初之时，曲调单纯，形式简单，动作朴实，只是演员分列两排，坐着对唱，且限于男子扮演，墨守于说唱形式，保持“叙事歌”特点。侗戏在发展过程中也不断地受到其他戏曲的影响，逐渐得到提高和完善，演变成今日有男女演员参加，有说有唱，曲调丰富多彩，别具一格的独立剧种。主要曲调包括“平板”（又称“普通板”“胡琴板”）和“哀调”（又称“哭调”），还有“仙腔”和“戏曲大歌”等。此后，一些地区的歌师戏师仿效吴文彩，相继编写了《毛宏玉英》《门龙绍女》《山伯英台》《陈胜吴广》《陈世美》等侗戏剧目。同时还根据侗族民间故事传说或民间叙事诗编成侗戏剧目，如《珠郎娘美》《三郎五妹》《元董》《甫桃奶桃》《郎福》等，进一步扩大了侗戏的影响。

侗戏剧本以唱为主，这与侗族喜爱唱歌的民族性格有关，故剧本之长短是以多少支歌来衡量的。剧本文学结构一般是开头由一人反复用对偶的两句念白念出台词，内容是天、地、人的来源和侗族的来源，接着是两人对唱，其间夹杂着独唱、合唱，接着来就是“串锦”，即连说带唱，最后是全体唱“消散歌”，向观众道别。

侗戏演出一般在村寨中的戏台或鼓楼坪，抑或某个开阔之地，没有特别的布置，其表演比较朴实，服饰道具都是本民族普通的或稍加美化的日常用品。表演时以唱和白为主，一般由两人用侗语对唱，每唱完最后一句，表演者便在音乐过门中走“8”字交换位置，然后再接着唱下一句，如此反复直至一段唱词结束。侗戏没有严格的行当划分，唯丑角的表演有独特程式，无论从哪个方向出场，都只能向里跳，人称“跳丑脚”，他的脸上往往画些黑点，以插科、打诨、旁白等来衬托剧情，调节舞台气氛。

侗戏没有专门的戏班，全由群众自愿组合，为业余形式。戏班成员不定，二三十人不等，内有掌簿师一人，主持剧务、编录脚本、传授戏艺、负责导演、提示台词等，其职位较重要。除演员外，还有乐器伴奏乐队，3~5人。

侗戏传承室 ▶

为了促进和交流侗戏改革经验，促进侗戏的繁荣和发展，从 1984 年起，通道、新晃、芷江、黎平、榕江、从江、龙胜、三江、玉屏、镇远、剑河、恩施等12个侗族分布的县商定，轮流举办以侗戏为主的侗族文艺会演。至1991年，已举办了五届。演出剧目除了传统戏外，还增添了许多新编戏，主要反映新时代的面貌和侗族人民的生活。1985年，榕江县侗戏团演出的《丁郎龙女》在全国少数民族剧种观摩演出中获得优秀节目演出奖和第一届全国少数民族题材剧本创作“团结奖”。1992年，贵州省从江县文化馆梁维安创作的现代侗戏《官女婿》，在第三届

◀ 高近戏台

全国少数民族题材剧本创作评奖中荣获“金奖”，开创了侗戏作家作品获得国家金奖的纪录。

侗戏尽管发展缓慢，但民族民间特色和地方特色鲜明，有深厚的群众基础。在侗族地区，多数村寨都有群众自己组织的业余侗戏班。但随着社会的发展，侗戏已经不是主要的娱乐形式，而且由于侗族没有自己的文字，过去只能靠戏师记忆贮存剧本，再传授给演员，所以特别急需对侗戏资料的整理保存。2006年，侗戏被列为首批国家级传统戏剧类非物质文化遗产名录。黎平县张启高、吴胜章荣获第二批国家级非物质文化遗产项目代表性传承人称号。

傩戏

傩戏，有的地方称为“面具戏”，为一种娱人娱神的戏剧表演艺术，主要流行于新晃贡溪、岑巩思州等侗族地区。从渊源来看，傩戏最初产生于中原地区，随着西南民族与中原地区及汉民族交往的日渐广泛、深入，傩戏也逐渐传入西南民族地区，并结合当地的民族文化传统，形成了具有民族特色的剧种。傩戏的产生与人们早期驱鬼逐病的祭祀活动有关。约在北宋时期，由巫觋主持和代表的原始巫教活动中的娱神、娱人等思想和行为相互影响、融合，形成最初的傩戏。

傩戏

傩戏在表演上的最大特点是以面具为主要道具。面具以神灵偶像居多，造型威严神奇，有神秘感。制作材料可分为木雕彩绘、泥胎纸坯彩绘和笋壳彩绘几种，并常以不同的单一色彩来表示人物的性格，表现忠诚、刚直、凶悍、英武、狂傲等特点，看面具便知人物的正反角色。新晃等侗族地区的傩戏还被称为“咚咚推”“嘎傩”“跳戏”。它的剧目主要有两大类：一是从花鼓戏、阳戏等剧种移植来的《刘海砍柴》《刘十四娘》《古城会》《桃园结义》《关公捉貂蝉》等；一种是与作法事有关的剧目，如《搬师娘》《踩香》《扮土地》《封洞》《跳小鬼》《天府掳瘟，华佗救民》等。侗族将傩戏的面具称为“交目”，共有三十六个交目。在一些剧目中，三十六个交目可全部用上，有些仅用一部分，视戏的内容而定。其唱腔是侗族民歌吸收花灯戏、阳戏的唱腔演化而成，

戏台落成

以鼓、锣、钹伴奏。

侗戏班

演出时，演员穿上自制的戏装，头缠一条丈余的青色布带子，长带两端从脑后长拖于地。演唱时，演员双手各执长带的一端舞动，做出剧情需要的各种动作，如摸胡子、牵牛、骑马等。若有道具时，则不再舞动长带，而是舞动道具。在整个演唱过程中，演员的双脚一直和着锣鼓点，踩着三角形，不停地跳动。新晃“咚咚推”尤以贡溪乡天井寨的为著，有“头在靖州，尾在天井”或“头在新寨，尾在天井”之说。除了每年正月例行的演唱外，遇旱灾、虫灾时也要演唱，多在农历六七月进行。岑巩思州的傩戏在表演时还较为突出地显示傩技，如上刀山、脚踩红犁、手捞油锅、脚搅油锅、口含红铁、过刀桥、煮不熟的米饭、口吐红火、头戴红三脚、手抹红铁链、喊竹、过火海、砍关过渡、吃瓷碗、藏龙卧虎等，集歌、舞、祭、戏于一体，惊险、刺激、神秘而富有民族特色。2006年5月，由湖南省新晃侗族自治县申报的“侗族傩戏”被列为第一批国家级非物质文化遗产保护名录。

第七章
社交娱乐
节庆礼仪

侗族人多聚族而居，在一个相对封闭的空间里和日常生活中，他们频繁互动，并通过各种社交活动、农耕仪式、节日庆典、体育娱乐等彼此联络、交流感情，在房族、家族、村落间搭建起友谊的平台，给细水长流的烟火日子增添了许多乐趣，也丰富和充实了平凡的生活，由此感受着生活的意义。侗族节日庆典较多，有的与汉族一样，如春节、端午节、清明节、中秋节、重阳节等，有的则体现出浓郁的民族特色，如侗年、二月二、六月六、八月八、四月八、乌饭节、林王节、茶歌节、吃新节、祖宗节、种棉节、洛香芦笙会，等等，可谓大节年年有、小节三六九。

开秧门

稻作农耕是侗族人赖以生存和发展的基础，粮食的丰歉关系着人们生活的维系，故而对生产活动十分重视，并由此衍生出许多农耕礼仪，开秧门即为其中之一。在许多侗族地区，人们多在清明以后属水的日子泡种，进行水稻育秧，播种时则在秧田边焚香化纸，扯少量秧苗栽一小片，或在大田边栽插几十株到自己家秧田边敬“秧神”，以求庇佑秧苗插到大田后生长茁壮，颗粒饱满，称为“开秧门”。以后不论何日均可栽插秧苗，插完秧苗后，在田边铺几张纸钱，用三炷香穿插纸上并反弓插向三方。之后，将犁耙洗净存放，并邀请好友饮酒庆贺。还有的地区往往要等活路头或村寨中的老户先行插秧后，其他人家方可进行农耕，俗称“开秧门”。

丰收

榕江侗族撒种时，有的拿上几炷香、几张纸钱和几只鸡或鸭毛捆在一根竹竿上，有的则夹在五倍子树上，插于田中。认为这

样可以避邪，保证秧苗茁壮成长。20世纪90年代以前，谷种下种之后，芦笙要封存起来，直到秋收前不准吹奏。认为吹芦笙会使秧苗发黄变烂，庄稼减产。

据《从江县朝利村侗族传统稻耕技术调查》记载：从江朝利一带的侗族在每年正月间要举行“开工仪式”，具体日子由当地卦师推算出某一天后，村民便相互转告，然后将圈里的牛放出，并拿锄头到自家的田地里挖一个一平方米左右的坑，然后从牛圈里挑一些牛粪放进坑里，表示从今日起可动土开工了。在当代人看来，这一仪式是祖先传下来的，是农业生产中不可缺少的程序，只有经过了开工仪式，新的一年里才能风调雨顺、五谷丰登，同时还可以消除田地里的病虫害，上山砍树伐木、打猎时，也不会出现意外事故和伤害。

月也

“月也”意为集体做客，也称为“月贺”“为也”，汉语称为“吃相思”，是侗族村寨之间一种集体联谊活动。广泛流行于南侗地区的从江、榕江、三江、龙胜、通道，尤以黎平县南部和从江县北部地区的侗族村寨更盛行，也最为隆重。“月也”大约出现在宋代，直到20世纪80年代在一些侗族地区仍较盛行的一种以文化交流为主要内容的社交活动，但90年代后期逐渐式微。

“月也”规模不定，男女老幼均可参加。进行“月也”活动时，参加者都着盛装，“歌队”“芦笙队”、戏班子、歌师，甚至武术队、阴阳先生等也一同前往。主寨以酒肉进行款待，宾主白天唱侗戏或赛芦笙，晚上对唱侗歌，共同欢度3—5日始散。离别时，主寨还要以猪羊馈赠。视收成情况，次年或若干年后，此寨再到彼寨回访。“月也”只在秋收后或春节期间进行，以示庆贺丰收，欢度节庆，同时还不误农时。“月也”内容颇多，主要有以下七种：

一是“月也戏”（做戏客），即以唱侗戏为主要平台，同时开展多种民间文化交流的集体社交活动，一般在农历的正月开展；

二是“月也老”（做众客），一般在农历正月，人数为做寨客的两个村寨的所有男女老少，以唱侗族大歌、踩堂歌、青年男女唱情歌为主要内容；

三是“月也暇”（做社客），在春社赶社时，甲寨小伙子接乙寨姑娘集体做客，白天踩堂对歌，晚上行歌会月；

四是“月也左楼”（做贺鼓楼客）一般在正月初举行。甲寨新建鼓楼落成典礼，乙寨男女老少倾寨来贺；

五是“月也鼎”（做众订亲客），也叫姑娘罗汉客。这项活动时间较长，有的可达数月，是双方男女青年和父母相互了解的最好时机。彼时可寨对寨，也可姓对姓，主要由老人操办；

六是“月也轮”（做芦笙客），一般在甲戌节、中秋节赛芦笙时举行，活动内容是以宾主两寨赛芦笙为主，同时通过唱歌、踩歌堂、祝贺丰收等进行的文化社交活动；

七是“月也敬”（敬寨客），意为帮助主寨敬客，这种形式最大的特点在于，当两个寨子正在进行“月也”时，另一寨便给其中的主寨送来信帖。

之后立即组织大家唱侗歌、演侗戏、踩歌堂、唱情歌，进行交友、访亲等文化活动。

▲

走寨

给客人敬酒

此外还有“鸡尾客”（又叫乡客）“月也”，因凡去做客者的头帕有鸡尾而得名，是一种集芦笙表演、讲款、哆耶、对歌、武术表演等为一体的村落社交活动。

“月也”具有群众性、文化展示的多样性和传承性、季节性等特点，增进了村寨、族群之间的思想和社会文化交流。

拦路迎宾

“拦路”迎宾是侗族村寨交往中欢迎来客的一种仪式，以两寨青年男女的交往和迎娶新娘时最为常见。每当客人来访时，主寨就会安排隆重的“拦路”仪式欢迎客人。主人在路口门楼前设置板凳、竹竿、树枝、绳子等障碍物，把路拦起来。主寨的姑娘们，拦到客人之后，或者是主寨的小伙子拦住客方的姑娘时，首先唱起“拦路歌”，唱出种种拦路的“理由”。接着客方的姑娘或小伙子则唱起“开路歌”，逐一推翻对方拦路的种种借口，许多歌里都是用诙谐的语言互相逗趣，通过一唱一答，使主客相见的气氛变得十分热烈。每当客人用歌答复了主人提出的一次盘问和逗趣之后，主方就把拦路的障碍物拆去一件，直到把拦在路上的

小黄寨拦路迎宾

障碍物完全撤除，将客人迎进寨子里为止。

拦路歌一般是从《我们正寨忌》开始的，主方在歌里首先提出“生人不能进来的种种理由”，接着就提出一些出乎意料的问题。两个寨子的青年男女，通过在上述“拦路”的对歌中，有的从陌生到相识，有的由一般相识而加深了彼此的了解。此后，他们之间就可以进一步交往了。拦路的迎宾、送客礼俗是和侗族的各种社交活动联系在一起的，不是单独的活动。

斗牛

斗牛是侗族人喜爱的娱乐活动之一，民间俗称“放牛打架”，主要流行于南侗的榕江、黎平、从江，北侗的天柱、剑河、锦屏三县交界等地，多于春秋两季较为农闲的“亥”日举行。斗牛系全寨集资购买，专人喂养，体肥膘壮，不事生产，专供角斗，俗称“牛王”，善斗的水牯牛被尊为“圣牛”“圣牯”。侗族人视拥有牛王为一个寨子的尊严，并会影响到人畜兴旺，村泰民安，故各村竞相购买。通常，一个村子都有一个牛王，有的村寨一个大姓就有一个牛王。购买牛王以自愿为原则，寨上设“牛王股”，是否入股均凭村民自由选择。所以“牛王股”不是平均负担，而是由众人根据参加户的经济实力评议负担的。斗牛期中，如果牛王斗败了，宰杀后按股分肉；如果牛王斗胜了，其他寨高价将牛买去，所得到的收益也按股分成。

侗族对牛王的饲养非常讲究，《斗牛款词》记述说：“牛王到圈，先供饭食，后喂青草，排家逐户，供足精料。”牛王多圈在鼓楼里，鼓楼柱子上钉一“供料牌”，按牌上姓名顺序轮流供应一日的饲料，无论春夏秋冬均有青草，采用填喂的方法。一个牛王有一个人专门负责喂养。负责喂养的人多为年长的孤鳏老人，称之为“牛王公公”。牛王公公爱牛如子，精心饲养，很受人尊敬，他的衣食由众人供给，死后由众人捐款埋葬。

斗牛有固定的场地，侗族称之为“塘”即“场”。斗牛场按“款”或“峒”的行政管理区域划分。一个款或峒开设的斗牛场叫大场（侗语叫塘劳），以下开设的斗牛场叫小场。小场从属于大场。大场不举行节日斗牛活动，小场则可以举行。每个斗牛场有一两个主寨，负责有关斗牛活动的日程安排事宜。斗牛日期前四五天就得向参赛的村寨发出“传牌”，把斗牛的有关事项写在上面，背面刻以刀痕，以示“火急”，“传牌”一经发出，风雨无阻，届时一定举行，任何一个村寨和个人都无权变更斗牛日期。斗牛活动一般是在春、冬季节的“亥”日里进行。据说亥日是个公正日。12天为一亥，隔亥活动一次。

◀ 牛王

各寨接到通知后，届时牵自己的牛王到达目的地。参加角斗的牛披红挂彩，头戴绣球，颈系响铃，背插雉尾和三角彩旗。每个牛都冠以美名，如“春雷王”“震天王”“胜霸王”等等。每个斗牛王的名称都写在一块木牌上，叫作马牌，马牌两边或背面写

斗牛 

有对联或“斗牛诗”，如“碰似电闪雷鸣，斗如关公斩将”等等，概为溢美之词。有的还喂糯米饭和烧酒，以增加其角斗时的勇气和力量。牛王脖颈上挂着十余只铜铃，走起路来叮当直响，威风凛凛。牛王后面紧跟着吹芦笙、敲锣鼓的队伍，村民们浩浩荡荡随之拥往斗牛场。由三个年轻力壮的侗族小伙牵着牛绕场三圈，称为“踩塘”，然后牵出“斗牛场”，在一阴凉处暂时休息。然后由一穿着古装、手举着伞的寨老走在中间，身着盛装、吹芦笙、敲锣鼓的男青年跟随，寨老念“斗牛”款词，宣布斗牛规矩。由各寨协商，双方同意后，列出角斗的对象和顺序。三声铁炮响过后，宣布斗牛开始。两头牛王从“斗牛场”两端像离弦之箭冲向对方，头对头、角对角地顶撞起来。牛王在角斗中有的一碰就决出胜负，有的斗得难分难解，若在一定时间内分不出胜负，便各自用绳子拴住自己的牛向后拉，算是平局。胜者则前呼后拥，护牛绕场，欢呼雀跃，锣鼓声、鞭炮声齐鸣，震耳欲聋。斗败的牛则被牵回寨子，宰而分食之，将牛角挂在鼓楼高柱上，以示铭记，再集资买新的牛王。

侗族的斗牛活动，不仅仅是为了娱乐，而且还是社会、文化和物资交流的一种方式与媒介。“斗牛场”内人山人海，少则千余人，多则上万人，山间道旁摆满土特产品、日用百货、零摊小吃，应有尽有。姑娘披银戴链，打扮得花枝招展。男青年也头插羽毛，身穿新装。斗牛结束后，男女青年聚集在一起尽情唱歌、

风雨桥上的斗牛图

跳舞，互赠礼物建立感情。同时，分散居住各处村寨的各民族群众，通过斗牛活动达到了睦邻友好、化解冲突、联合防卫等功能，为族群交往和互动搭建了极好的平台。

对牛的珍视还在侗族民间形成了一个特别的节日，叫“洗牛身”或“祭牛生日”。时间不一，有的在农历四月初八，有的在农历六月初六。传说这一天是牛的诞生日，哪怕农活再忙，也得让牛休息一天，喂以青草和稀饭，有的还喂黑糯米饭，将牛牵到河边洗澡，且杀鸡宰鸭，用酒肉陈于牛圈门上，烧香化纸祭牛神，表示对牛的敬谢。节日期间，一些地区的侗族还专做黑糯米饭，一是献祭于牛，二是吃，据说因其似牛粪，为表示对牛的敬意而食之。

抢花炮

抢花炮是侗族特有的一项体育竞技活动，盛行于黔东南、广西三江、湖南通道等地区。

节日这天，成百上千的人群围在一个宽阔的草坪上，草坪一端设有“炮台”，即裁判席，草坪中心放一“铁炮”，将一红绸布包好的铁环放在铁炮上，点燃铁炮，铁炮爆炸后将铁环冲上天空，待铁环降落时，众多年轻力壮的小伙子蜂拥而上，抢得铁环

知识链接 **花炮的由来** 相传古时候有个女首领，想为自己一个漂亮的姑娘选择一个既勇敢、又善良的女婿。她出了一个主意，决定在农历的三月初三这天叫小伙子去“抢花炮”，谁在众人中抢到花炮，又不伤害他人的小伙子，便是她的女婿。于是“三月三日”这天定为“抢花炮”日被延续下来。不过，也有在农历正月、二月过的，但以三月初三较热闹，并逐渐演变为一个地方性节日——花炮节。

者就到炮台报告。经验证所获铁环属实，且确无伤害别人，即为获胜者，从而得到组织者提供的奖品。花炮一般要放三炮，叫头炮、二炮、三炮，分别象征福禄寿禧、幸福安康，五谷丰登、六畜兴旺，宝贵双全、吉祥如意。

现在，“抢花炮”已被国家列为全国少数民族运动会比赛项目之一，有“东方的橄榄球”之誉。

“抢花炮”这天，通常都有数个寨子的男女老少，青年小伙子及姑娘汇集在一起。平时热情好客的侗族人民，借此机会请客寨的亲友到家中做客。善歌的姑娘和小伙子们自然也趁此机会到山坡上去唱歌，谈情说爱。小伙子们通常以野餐的方式来热情款待姑娘们。现在，节日之届，人们还要开展多种多样的文娱和贸易活动，使节日气氛更加浓烈、活跃。

歌会·歌场

天养鸟群水养鱼，饭养身体歌养心。
歌养心灵人知理，又懂仁义又有情。
考虑好看美在背，鸟语动听美在嘴。
要问人间什么好？世上歌声最值钱。

侗族喜爱唱歌，他们将动人的声音留在山水间，将美好的情感与众人分享，将对历史的纪念演绎成一场场歌的盛宴，歌会、歌场成为侗族地区民间文化娱乐的一道风景线。

侗族歌场多在春夏秋三季举行，歌场、歌会或因祈求风调雨顺、纪念英雄人物或著名歌师，或因款场聚议等而形成。侗族的歌会歌场较多，参加的人数、时间、地点、规模均不完全一样，各具特色。在歌会歌场上，人们不仅盘歌、赛歌，而且也郊游娱乐、斗

▲
歌会表演

牛，更是青年男女觅友寻伴、谈情说爱的极佳场所。同时，侗族地区多民族聚居、杂居的格局，也使歌会歌场成为各族群众交流、沟通的重要平台，民族团结之风在这里得到最自然的表达。

较著名的歌会歌场有：

木瓜歌会。每年农历六月初六在通道独坡木瓜村的岑虾坡上举行。当日，周边村寨及广西、贵州边境的数千名侗、苗青年男女，结伴云集山坡对歌，并通过对歌寻找意中人。

锦屏、剑河、天柱高坝歌会。该歌会已有100余年的历史。高坝歌场位于锦屏、剑河和天柱三县交界的高坝大寨后龙坡，一般在农历七月二十日举行。届时，方圆百里的侗族男女老少云集高坝，欢度节日。赛歌往往持续三天三夜，且难分胜负。

大戊（雾）梁歌会。大雾梁位于湘、桂、黔三省（区）交界的大高坪苗族乡地了村和黄柏村之间的蒙冲界。传说古州（今贵州榕江）扪龙因家境贫穷，来到湖南通道牙屯堡肖家（后改姓吴）种田，与肖家女儿产生了感情，两人经常相约上山对歌叙情。他们的事被发觉后，扪龙被肖父赶回了古州。从此，人隔两地，相见困难。肖女因思念扪龙，托人捎信到古州，扪龙接到信后，经歌师解密，连夜赶到牙屯堡，但遭到嫌贫爱富的肖父拒绝。两人于是相约，趁夜私奔，在渡五通河（今牙屯堡河）时，遇山洪暴发，双双遇难，化作两座石山相依相偎在一起。为了纪念他们，当地青年男女每年农历三月的第一个“戊”日（大戊日），都要上山对歌谈情，渐渐演变为习俗。每到这一天，湘桂黔三省（区）边界数千名各族男女青年，汇集于此举行歌会，谈情说爱，寻觅知音，称“大戊（梁）歌会”，也被誉为“侗家情人节”。

六月六歌会

六月六歌会。歌会地点位于湖南通道独坡八寨的岑榔坡。该歌会来源说法不一，但都与一对有情人相爱而被狠心爹娘拆散有关系，最终双双殉情。为了纪念为争取婚姻自由而殉难的青年男女，人们纷纷登上岑榔坡，以对歌的形式纪念这对情侣，并相沿成习。每年农历六月初六，居住在三省坡附近湘黔桂三省（区）侗族村寨数以万计的侗族青年来到岑榔坡集会、唱歌，谈情说爱，场面热闹非凡，盛况空前。2008年，在全国侗学会的大力支持下，该歌会被正式命名为“三省坡侗族‘六月六’歌会”。

湘黔四十八寨歌节。是贵州天柱、锦屏、湖南靖州等村寨苗侗群众聚会玩山、唱歌、交友的传统歌会，一般在农历三月初六开始。是黔湘交界地区苗侗群众民间重要的文化活动，有“湘黔边区生态博物馆”之誉。该节自形成以来，至今已有数千年的历史。四十八寨歌节既有源于对古代民族民间歌谣的继承，也有对民歌、时令小调等的广泛吸收，又有从阳戏、傩戏中引进，还有

◀ 寓乐于劳动

从湖南等地民间艺术中直接纳入，因而形成了多元文化特征。在演唱中，歌手对生产、生活中的客观事物，采用拟声、状形、达意、传情、描事等手法，随机应变，巧妙穿插，没有经过整理加工，直接演唱，纯朴自然，显出一种特有的简约美和质朴美，虽然为苗侗群众参加，但对歌却以侗语为主。该歌节搭建了传承民族民间文化的平台，促进了湘黔边区苗侗人民的相互了解、团结和友谊。2011年四十八寨歌节被列入第三批国家级非物质文化遗产名录。

此外，天柱的莲花坪歌会（农历三月三、7月20—22日）、风岩坡“三月三”歌会、蓝田二十坪歌会（7月20日）、三阳殿歌会（6月19日）、白蜡坳（农历三月三）等等，也都较为有名，参加人数较多，远近闻名。

第八章
敬萨崇祖 信仰多神

“供不完的神，驱不尽的鬼”，侗族敬畏神灵，崇拜祖先，其宗教信仰主要表现为自然崇拜和祖先崇拜，表现为万物有灵的认知，亦不同程度信仰佛教和道教。在侗族人的信仰文化中，祖先既有近祖，也有远祖，还有族祖，以及“萨”崇拜，他们构成了侗族人祖先崇拜的体系，也是侗族人生息繁衍的精神依托。

基于万物有灵基础上的自然崇拜，是侗族人对自然与人之间关系的一种认知，反映了天人合一的理念。而佛道信仰则是文化交流的结果，是汉文化与侗族文化交融的体现。形式多样的宗教信仰蕴藏着侗族人精神文化的内涵，呈现出其社会历史发展样貌。

“萨”崇拜

“侗族萨为大，汉族庙为大”。“萨”崇拜是各地侗族唯一共同祭祀、发源于本民族的传统民间信仰。“萨”也常称为“萨玛”，意为“大祖母”“始祖母”。传说这位大祖母是古代侗族的女英雄，她平时带领侗族从事生产劳动，在外敌入侵时带领人们保卫家园，是侗族共同祖先神灵的化身，也是侗家的守护神。

据说她神通广大，能影响风、雷、雨、电、瘟等诸神，能驱邪禳灾，管治猛兽，保境安民。所以，人们常把她视为“社稷神”，大凡生产、生活中的大事、琐事都要祈求她的保佑，祈愿人畜平安、五谷丰登。新中国建立前，在一些村寨还有专门的公田，由主管萨母坛的人耕种，收获稻谷作为祭祀的费用。

围绕着 “萨玛”，侗族人形成了设萨坛、建圣母祠、萨祭祀、萨玛节等一系列宗教仪式和活动。每个侗寨都建有萨坛和拜祭萨玛的圣母祠，每逢新年或者重大节日，都要举行盛大的祭萨和庆祝活动。祭祀活动一般只有已婚妇女和村中有威望的老人参加，所以祭祀大祖母的节日被看作是侗族妇女自己的节日。

“萨”神无所不在，所以又有管树林的“萨达”、管土地的“萨对”、管水井的“萨闷”、管人间事务的“萨样”、守桥头床头

圣母祠

萨玛祠

的“萨高乔、萨变降”、主偷魂盗魄的“萨两”、主制酒曲的“萨宾”，还有把守大门，防鬼邪闯入，护佑孩子平安的“萨林隋”，天花流行，保佑儿童安宁、脱险的“萨多”，促成男女恋爱和婚配的“萨彭”，护佑农业生产的“萨样岁”等等。新建村寨，必先择吉日安萨坛或萨堂，有的地方叫“圣母祠”“圣母庵堂”。大的村寨一般是一个家族或几个家族设坛祭供。

萨坛有露天和室内两种。无论露天或室内萨坛，都必须挖一个深宽各1米多的圆穴，在穴内安埋两口上下扣合的铁锅，锅内放银制的一些生活模型器具，如小锅、三脚架、碗、筷、杯、瓢、壶、剪子、坛、衣、裙等及纺纱织布的模型（纺纱机、织布机等），四周放白米、茶叶、木炭、朱砂、五色线等物，以青砖或料石砌成直径1~3米左右的圆丘形墓，墓上有的铺一层白碎石，顶上栽一株四季常青的千年矮或松柏、十二月花、冬常青、桂花树或四季花等，四周砌墙或置木栅栏围住，防止猪牛践踏。室内的即在坛顶上插一把半开半闭的大黑伞。

安萨仪式非常讲究和隆重，事前要准备许多吉祥物，提前三天封寨，寨门前悬挂着柚枝或草标，严禁生人进寨。全寨忌火煮食三天，只吃粑粑、粽子、酸鱼、酸菜等冷食。凡寨上出嫁的姑娘都必须赶回来参加。全寨人聚集在鼓楼进行讲款、弹琵琶、跳芦笙等活动。第三天，全寨男女身着盛装，聚集在萨堂房的芦笙坪上，听歌师诵《侗族远祖歌》，歌颂萨神的功德，祈求萨的护佑。然后集体唱侗垒词，内容主要是祈愿在萨的保护下，年年风调雨顺、五谷丰登、人畜兴旺的美好愿望。

知识链接 **登萨** 萨坛有专人管理，叫“登萨”，一般是该寨的老户担任，多为世袭，也有个别是公推的。

萨坛 ▶

2006年，榕江县侗族萨玛节作为民俗类非物质文化遗产入选第一批国家级非物质文化遗产名录。2010年底，第六届中国节庆产业年会暨2010年中国节庆产业年度评选会上，榕江县侗族萨玛节获得了“最具潜力节庆目的地”和“十大人物类节庆最具文化传承奖”两大奖项。“萨玛”的影响力已走出村寨，成为侗族文化的重要事项之一受到了世人的关注。

祖先崇拜

灵魂不灭、生死轮回，是侗族人民信仰的主要观念。祖先崇拜则源于对祖先亡灵的供奉，相信祖先仍在另一个世界保佑着子孙后代。侗族人观念里的祖先范围较广，近祖多指直系亲属的先辈而言，如同一房族的祖先即是。远祖多指同一宗族或同一姓氏的同一祖宗，如通道一些侗族有“祖宗节”，即出自同一祖先的后代们共同祭祀祖先。族祖包括氏族祖先、民族祖先，这些祖先可能历史上真实存在，也可能是虚拟的祖先，有的还反映在图腾崇拜上。祖先给后代以荫庇，保佑子孙万代繁衍不断，生生不息。

崇拜祖先是侗族地区的普遍现象，人们认为活着的人与逝去的祖先仍有联系，生者不能冒犯祖先，逝者保佑后人，故许多人家的堂屋后壁正中多设神龛敬供，年节更是香火不断。平时，不少人家饭前也要请祖先享用。每至清明，合家或合族都要上坟祭扫，祈求保佑。

天柱侗族祭祖

天柱侗族有煮油茶祭祖五天（农历七月十一到十五）之俗，届时，焚香烧冥钱，晚上进行“跳桃源祠”的娱乐活动。镇远地区的侗族过去每年都要对本姓祖先进行一次集体祭祀活动，或在清明节，或在农历六月初六。届时，全族按户集资买肉、酒、香、纸钱等，由一位德高望重的长者主持。桌上摆着族谱和祖先开基人的神像，供上祭品。主持人向全族人宣讲本族的历史，并祈求祖先神灵保佑全族人安康，五谷丰登，人畜兴旺。

镇远报京侗族“吃牯脏”

镇远报京侗族以“吃牯脏”的方式进行祭祖活动。时间一般在“未年”和“子年”。祭祖这一天，不分姓氏家族，不管大寨小寨，只要是侗族均可参加。同时规定，这一天不准办婚事、不准吵架、不准酗酒闹事，否则视为对祖宗的不敬，将因此而受惩罚。届时，除了以饭、酒、鱼肉等祭祀祖先外，还要举行隆重的斗牛活动。

神龛

“千三节”

“千三节”是黎平地扪村一个以寻根祭祀为主要内容的民间活动，在每年正月十一至十五日举行。届时，凡分出去的各个家族都要回到地扪聚会，纪念共同的祖先。节日期间，要唱祭祖歌、踩歌堂、演侗戏、斗牛等，场面盛大而隆重，成为方圆百里侗族村寨的共同节日。

明清时期，许多侗族地区的姓氏还建有家祠，设置祠田，春秋两季祭祀列祖列宗。新中国成立后，家祠多已废除改作他用。

自然崇拜

侗族民谚说，“老树护村，老人管寨”，人的日常生活常常与鬼神交织在一起。在侗族人看来，山、水、花、草、鸟、兽、风、雨、畜禽、雷、闪电、巨石、太阳、月亮、土地、树、洞穴，这些自然现象无一不被神灵所主宰，甚至对生产生活影响较大的桥梁、井等等，都认为有某种神秘的力量在操纵，从而将它们视为神灵并加以崇拜。在侗族人的观念里，鬼神有时不分，有时又特指阴界魂灵或不好的神灵。

“喊天节”与天神崇拜

天高悬于大地之上，是万物之根，为神所栖居。同时，天亦有“眼”，能明是非、辨善恶，公正处理世间一切事务，给善者以奖励，给恶者以处罚。居住在黎平黄岗一带的侗族有“喊天节”，于农历六月十五举行，过去多在天旱时由巫师带领众人行祭天仪式，祈求上天降甘露于世间。因而，顺天尊天便能得到护佑，冒犯者则会遭到处罚。太阳、月亮、星辰光辉熠熠，人们认为天上布满各种神灵，不能手指太阳、月亮，不能面对太阳、月亮随意大小便，不能咒骂他们，否则神灵会动怒、庄稼会歉收、人畜多病多灾。凡红白事，要择黄道吉日，以避凶祛灾，迎福纳祥。

井神

水崇拜

水是万物生命的源泉，水是财运的象征，没有水，人将无以为生、作物无以生长、大地将干涸坼裂。因此，新年到井边、河溪边汲水，先要化纸焚香祭拜，祈祷水神带来福佑，而后汲水回家；下河抓鱼亦要先祭祀水神；新娘首次挑水，须先祀“水神”，才能挑水回家；天旱要打醮求雨。井有井神，忌在井边洗便桶、大小便，不能故意搅混井水。如玷污水神，会引起灾祸。

祭火神

火崇拜

对于能给人带来光明、温暖和灾难的火，侗族人同样敬畏有加，视为“火殃神”。每到年终腊月属水之日，人们常要买猪、鸡敬祀火神，以求吉除邪，称之为“退火殃”。届时，家家户户打扫干净，准备茶水，在寨门打上草标，禁止外人进入。然后巫师到每家火塘边念咒语，扫除火殃。如果村寨失火，大火扑灭后，要举行“倒火堂”祭祀仪式，在场众人祭祀完毕方可离开，否则将使“火殃”蔓延。

神树

树崇拜

“树大成灵，物久成精”，侗族人认为村寨边的大树都有神灵附着，是吉祥物，孩子命中缺木，要拜树，认作干亲；村中风景树能保佑寨人平安、繁荣昌盛。随便乱砍滥伐神树，会败坏“风水”，人心涣散，鸡犬不宁，村寨遭殃，逢年过节均要祭祀，祈求护佑。

山崇拜

山是侗族群众重要的生产和生活场所，靠山吃山，山由山神掌管。进山伐木、烧炭、猎物，要祭祀山神，祈求它的护佑，方能动土动工。对山中树木亦不能乱砍滥伐，土石亦不能乱动，动物不能随意乱打，也不许牲畜进入，埋葬死人，否则会得罪山神，败坏风水，招致祸害。甚至早上进山，也不能说粗野话，不能乱扔石头等，惹恼山神会降祸于人。违者会受到寨规的严厉惩罚。

土地神崇拜

在许多侗族地区，大大小小的寨子外、路边，或垒土祭祀，或设有专门的小房子奉祀土地神（内供有泥塑或木雕的土地公和土地婆），人们认为土地神掌人畜兴旺，地方安宁、作物的丰歉。在侗族崇拜的所有神祇里，土地神与寻常百姓的生活最为密切。作为村寨的守护人，土地神保佑田里五谷丰收，保佑一方水土上的人平安幸福，还会给大家带来财运和福运。所以，人们往往于初一、十五到土地庙焚香烧纸、供肉供酒供茶水，平时家中有事或丢了鸡鸭等家禽，也会祭奉土地神，祈求帮忙寻找。每逢戊日和“土王用事”日，不能动土，并要给予专门的祭祀；建房盖屋得择吉日祭祀土地神后，方可动土挖基，完工后，还要“谢土”。在此地区，每年立春后的第五个戊日为春社日，届时要以糯米、粘米、野白蒿菜、腊肉丁等做成社饭专门祭祀，求其保佑人畜平安、村寨洁静。

土地神公婆

对自然物的崇拜使侗族人将自然界视为一个患难与共、相依相存的关联体，爱护自然、珍惜自然资源，祈求自然神灵的护佑，成为人们的共识，由此也在无意识中保护了生态环境，使侗族地区长年绿水青山，空气清新，形成一个天然的大氧吧和世外桃源。

佛道信仰

侗族也有信仰佛教、道教和基督教者，但人数较少，影响亦不大。大约在明、清时期，道教、佛教已传入侗族地区。在一些侗族村寨，还设有佛庵和神庙，如清代天柱境内338寨，就有462处庵庙，庵内供奉释迦牟尼、弥陀、弥勒、观音、罗汉等佛教偶像，僧尼主持，跪拜念经，常年香火不断。村寨庵堂由村寨各姓共修或分别修建，占有一定的田地山林，收租供僧尼生活及祭祀用。但侗民剃度为僧尼者极少。也有少数人在初一、十五、二十三吃斋。由于相信“因果报应”“六道轮回”，民众亦乐于施舍，有难烧香敬佛，祈福许愿，以求消灾免难。

▲

道教信仰

道教信仰在侗族地区无道观，仅有称“道师”者尊玉皇大帝为最高神灵，敬奉三清（玉清元始天尊、上清灵宝天尊、太清太上老君），奉太上老君为教祖。他们多替人祈祷，禳灾除病，且不脱离生产劳动。

此外，侗族人还信奉龙王、飞山神、三王神、关云长、岳飞等神。过去侗族地区常见的庙宇有飞山宫、三王庙、关帝庙、武穆庙（岳飞庙）。关、岳二神除了设庙宇外，在各地风雨桥的桥廊上都设有关公、岳飞的神位。他们认为，这些神都是善神，逢其忌日，要供品祭祀。

第九章 文化异彩 非遗保护

侗族是一个智慧、富于创造的民族。在长期的历史发展过程中，不仅创造了丰富多彩的物质文化，也创造了异采纷呈的精神文化。在侗族绚丽多姿的文化事项里，鼓楼、风雨桥、大歌、侗锦、侗戏、稻作农耕技艺等，是侗族文化的典型代表和文化遗产的重要组成部分，蕴含着侗族特有的精神价值和文化意识，体现着侗族人对社会、自然的认知。目前，侗族有15项非物质文化遗产被列入国家级保护名录。

▲

大歌表演

大歌

侗族大歌，侗语称“嘎老”或“嘎玛”，意为声音洪大的歌，它是侗族地区由民间歌队演唱的一种多声部、无指挥、无伴奏、自然和声的民间合唱音乐，为侗族多声部歌的一种，即男女歌队在鼓楼正式对歌时唱的一种多声部歌。由于“鼓楼”是侗族村寨的象征，而侗族大歌又贯穿于鼓楼对歌的始终，侗族人便把“嘎老”即“侗族大歌”视为多声部歌的总称。

侗族大歌一般在侗族地区大规模的民俗活动中演唱，时间上多在农历十月至第二年的二月，农历“六月六”和八月的吃新节也是重要的歌唱时节。侗族大歌涉及历史传说、祭祀礼仪，生产劳动、婚姻恋爱、劝事说理、咏唱风物等。歌词均是韵文体，是一种“长短句自由结合体”。侗族大歌无论是音律结构、演唱技艺、演唱方式和演唱场合均与一般民间歌曲不同，它是一领众和，分高低音多声部谐唱的合唱种类，属于民间多声复调音乐歌曲，这在中外民间音乐中都极为罕见。侗族大歌不仅仅是一种音乐艺术形式，对于侗族人民文化及其精神的传承和凝聚都起着非常重大的作用，是侗族文化的直接体现，是了解侗族社会结构、婚恋关系、文化传承和精神生活的重要组成部分，具有社会史、思想史、婚姻史等多方面的研究价值。它所承载和传递的是一个民族的生活方式、社会关系、人伦礼俗、智慧精髓等至关重要的文化信息，在塑造侗民族与人为善、团结和睦的民族性格中起到了巨大的作用，其突出的文化价值早已被国内外专家所认可。

侗族大歌目前主要流行于贵州省黔东南州黎平、从江、榕江三县侗族聚居区，以及广西三江、湖南与贵州毗邻的村寨。侗族以“饭养身，歌养心”为生活信条，唱歌是侗族人交往的媒介和特有的风俗，又是侗族文化传承的方式，唱侗歌是侗族个体获得族群认同的重要方式。侗家还有这样的说法：“汉字有书传书本，侗家无字传歌声。”“要做侗家人，先得唱侗家歌。”因传承

◀ 大歌寨

地、口音、表现风格等特点各有不同，形成了小黄大歌、岩洞大歌、坑洞大歌、肇兴大歌、口江大歌、三龙大歌等地域大歌类型。

1986年，在法国巴黎金秋艺术节上，贵州黎平侗族大歌一经亮相，技惊四座，被认为是“清泉般闪光的音乐，掠过古梦边缘的旋律”。近些年来，侗族大歌走上了央视春节晚会，在美国、

俄罗斯、日本、意大利、匈牙利、新加坡、挪威等多国巡演，以其无伴奏多声部的演唱形式，产生了轰动效应，被称为“天籁之音”，“来自天堂的和声”。

唱大歌

2002年底，黎平县政府开始启动侗族大歌“申遗”工作，2003年8月完成对文本的修改。2006年侗族大歌被列入首批国家级非物质文化遗产。2008年10月侗族大歌成为贵州省唯一候选项目被文化部确定以“人类非物质文化遗产代表作名录”向联合国教科文组织提名的15个初选项目之一。2009年9月，由贵州省文化厅、黎平县政府承担申报工作的《贵州侗族大歌》以项目排名第六的身份入选世界《人类非物质文化遗产代表作名录》。联合国教科文组织保护非物质文化遗产政府间委员会评委认为，侗族大歌是“一个民族的声音，一种人类的文化”。这是贵州省非物质文化遗产项目首次入选世界级遗产名录，也是侗族第一个进入世界级非物质遗产保护名录的项目，它标志着具有千年历史的侗族大歌，其文化、音乐价值被全世界所认同。申遗的成功，无疑给濒临失传的侗族大歌注入新的希望，有利于侗族大歌的保护和传承，从此成为全世界、全人类的共同财富和共同保护的遗产。

侗年

榕江、通道、三江等地的侗族有过侗年的习俗，不同地区时间不一致。榕江瑞里、本里、保里一带选在摘禾后的十月，俗称过禾蔸年（侗话“记年高棒”）。榕江往里选在农历十一月二十日后的辰、戌两日，如先遇上辰日即以辰日为年（即大年初一），卯日为年三十晚。如遇戌日则以戌日为年。过侗年一般为7天左右。榕江县七十二寨除过侗年外，还过春节，俗称陪年，侗语称“记年卡”，即过汉年。新年前，家家打扫房前屋后，杀年猪、打年粑等。新年期间，寨上举行大规模的踩堂对歌、跳芦笙和斗牛活动。通道“侗年”，节日的主要内容是“吃冻”，即以吃冻鱼为主，其他美酒佳肴也应有尽有，有如过春节，吃冻的日子各地也不同，李姓、杨姓是农历十一月十一日，相传杨姓祖先有八兄妹依次各吃一天。

侗年来历与缅怀祖先、农耕祭祀有关。相传侗族祖先远道而来，原以打猎为主，后学会开荒种田，从事农耕而获丰收，秋后欢庆硕果，从此世代相传为侗年。也有的地方相传杨姓祖先是一位将军，因被派远征，担心在春节前不能回家团圆，族人商议，决定在他出征前提前过年。现在大多数侗族与汉族一样，均已过农历春节。在北京的侗族同胞在侗年来临时，也会择日而过，大家相聚在一起，叙说生活、家乡变化，畅谈民族文化的传承与保护。

2011年，由榕江县申报的侗年被列为第三批国家级非物质文化遗产名录。

在京侗族同胞过侗族年

侗医药

在现代医学医药传入以前，侗族人民医治疾病的方式主要有两种：草药与巫术，或者二者结合，以达神药两解。侗族生活的地区生态环境较好，动植物种类繁多，是天然的生态医药库。在长期的生产和生活实践中，在与疾病的抗争中，侗族人民积累了丰富的医药知识，形成了自己的医药知识和医疗经验，逐步建立起独具民族特色的侗族医药体系，收藏有《求世医方》《世传医方》《药品总簿》等医书。

《中国侗医药史》书影

在侗族人看来，天、地、气、人合为一体，人是气所生的，由土和水所养，气和水对维持人体的活动非常重要，如果气和水失去平衡，人就要生病。五位一体的思想，体现了侗医学“天人相应，人气合一”，强调凡事都要顺应自然变化和规律的朴素观念。

对于致病的原因，侗医认为与“饱饿”有密切关系。饮食是维持生命的能源，但如果吃得过多，不加节制，暴饮暴食，食肥甘厚味，或者吃得过少，都将影响身体的健康，甚至造成疾病。侗医有“犯酒、犯肉、犯谷、犯气”之说，酒性热除寒，适量饮用可调节人体血脉情志，如果过量则会伤神伤志，“心神被扰，百病丛生”；肉类补血补体，但食用过多适得其反，会伤血伤水；谷类养万物，亦不可过饱，否则会伤身；气是生命的根本，犯气则会伤神伤心，故平时要心平气和，为人善良，遇事不可急，也不可抑郁寡欢，这样才能保持心情平和，心神愉快。

对疾病的诊断，主要有望、拿（切）脉、问诊、摸诊“四诊”。望诊即观察面色、色泽。拿脉即诊八脉、两候。问诊即是问患者发病、发病的原因、发病的过程，疼痛的部位以及症状等。摸诊即摸头顶和前额皮肤发不发热，是否出汗，摸手心是冷还是热等，以此辨别是冷病还是热病；摸肚皮（腹部）是否有包块鼓胀，是硬包块还是软包块，以辨别有没有虫（积滞）；对外伤者，摸其受伤局部及周围，看看是否断（伤）筋、断骨、错骨和是否有瘀血块等。通过诊断以便对症下药。

对疾病的治疗，往往是要先经过诊断后才可确定采用何手段、何药物来治疗。侗医药经过长期的历史发展和经验积累，由单方逐渐发展为复方，药物种类有酒药、膏药、丹药、散药等。行医之人又是采药人，医药不分家，所用药物多为自采、自制，多为鲜品。按侗医对病症的认识，其药多分为热药和冷药两大类。侗药在命名、用法、炮制、性味、功用、主治等方面，都形成了本民族的特点。在具体治疗方法上，常用的有表、夹、挑、灼、熏、揉、敷等。表，即将寒气表出。人受风寒，用葱、辣椒、胡椒炒生盐冲开水内服；夹，即劳作过度，筋骨疲惫，浑身酸痛，俗称“痧”。用生水蘸手，从后颈、背部用手将肌肉夹起，夹至出现紫红色为止；挑，即用普通的缝纫针过火消毒，将背上的痧点挑出；灼，即用艾火灼痛处或穴位，拔火罐亦属此类，此法多用于治疗风湿、关节骨痛等；熏，即将药物煮开，倒入盆中，患者用小凳坐于盆上，周围用席子围严，尽可能不让漏气，慢慢熏疗；揉，即用一鸡蛋煮熟去壳去黄，用布包裹，蛋白内放一银器，趁热慢慢揉擦疼处；敷，民间草医治疗骨折不需开刀，亦不上夹板，其治疗过程是先念咒语化水止痛，然后动手整骨正位，最后敷药。

在一些侗族村寨，民间还使用其他一些行之有效的方法来治疗疾病，如被草或玻璃等划伤后，用一竹签浸桐油在火边烤至油汁起泡，然后涂搽于患处；对咽喉上火、气管炎，可用老姜与黄糖粉一起烘烤含服；患夜盲症，可用鲜猪肝切片，涂上锅底黑灰，放置在红火炭上烧熟食用可治愈；外伤出血，取附于墙壁上的蜘蛛窝于伤口处，有止血、抗感染之效；感冒发烧，可脱去衣物，背对火烤，直到发汗，可减轻病症，等等。正是这些乡土知识，使侗族人民在与疾病的斗争中能够繁衍生息，并形成了自己独到的医药知识体系。

2008年6月，由黔东南苗族侗族自治州申报的侗医药被列为第二批国家级非物质文化遗产传统医药类保护名录。

《珠郎娘美》

在侗族民间，流传着一个中国式的“罗密欧与朱丽叶”故事《珠郎娘美》。故事发生在清代，珠郎、娘美是三宝侗寨人。娘美出生在一个普通的农民家庭，她美丽、聪明能干、安分但不呆板。但按侗族“姑舅表婚”习俗，娘美得“还娘头”，即嫁给舅舅家儿子。娘美对这种婚姻制度非常不满，在行歌坐月中，她认识了善良、俊秀的珠郎，他们通过对歌的方式表达了彼此的爱慕之情。但娘美的母亲坚决不同意，舅舅家也决定提前迎娶娘美。得知消息的娘美连夜约好珠郎，双双破钱起誓，在同伴的帮助下，连夜逃往外乡。但逃离家乡的一对有情人又落入财主银宜的魔掌，他贪恋娘美的花容月貌，欲纳为妾，但遭到了娘美的坚决反抗。银宜想出毒计，勾结当地“款首”以起“款”吃尖枪肉为名杀害了珠郎。悲愤万分的娘美燃起了复仇的怒火，她利用银宜的淫念和愚蠢心理，将他诱杀到自己挖的坑里，为珠郎报了仇。痛不欲生的娘美背着珠郎的遗骨一路哭着回到了三宝侗寨，亲手安葬了珠郎，让自己时时能够陪伴着他。这一具有现实主义和浪漫主要色彩的故事，珠郎娘美演绎的爱情悲剧，在黔、桂、湘侗乡广为

珠郎娘美雕像

知识链接 **黔剧《秦娘美》** 清末，贵州省从江县侗族戏师梁耀庭、梁少华根据贵州侗族聚居地区流传的珠郎娘美故事与民间叙事歌，改编成侗戏剧本。剧中人物86人，全部唱词5 800余句，是侗戏中影响较大的作品，浓缩了清代侗族社会生活的诸多方面。1959年，由贵州省侗戏工作组张泽鑫、龙廷恩、吴金崧（戏师）、梁普安（戏师）等记录并译成汉语。《珠郎娘美》于1960年由贵州省侗戏工作组改编为黔剧《秦娘美》，长春电影制片厂摄制成舞台艺术影片。

流传。人走音消故人离，三宝侗寨的乡亲们，为纪念这对具有反抗精神的情侣，在古榕下为他们立了雕塑。

2008年6月，由榕江和从江两县申报的《珠郎娘美》被列为第二批国家级非物质文化遗产民间文学类保护名录。

2015年1月8日，根据《珠郎娘美》改编创作，由中央民族乐团、黔东南州歌舞团、从江县人民政府联袂打造的《行歌坐月》侗族大歌音乐诗剧在国家大剧院成功进行了首演，引起了广泛关注和良好反响。

侗族国家级非物质文化遗产名录（四批，共15项）

1	侗族大歌	贵州省黎平县、广西壮族自治区柳州市、三江侗族自治县、贵州省从江县、榕江县	传统音乐	第一批
2	侗族琵琶歌	贵州省榕江县、黎平县、从江县	传统音乐	第一批
3	傩戏	湖南省新晃侗族自治县（侗族傩戏）等等	传统戏剧	第一批
4	侗戏	贵州省黎平县、湖南省通道侗族自治县、广西壮族自治区三江侗族自治县	传统戏剧	第一批
5	侗族木构建筑营造技艺	广西壮族自治区柳州市、三江侗族自治县，贵州省黎平县、从江县	传统技艺	第一批
6	侗族萨玛节	贵州省榕江县、贵州省黎平县	民俗	第一批
7	珠郎娘美	贵州省榕江县、从江县	民间文学	第二批
8	芦笙音乐	湖南省通道侗族自治县（侗族芦笙），贵州省丹寨县（苗族芒筒芦笙）	传统音乐	第二批
9	侗锦织造技艺	湖南省通道侗族自治县	传统技艺	第二批
10	侗医药	贵州省黔东南苗族侗族自治州（过路黄药制作工艺）	传统医药	第二批
11	侗族刺绣	贵州省锦屏县	传统美术	第三批
12	侗年	贵州省榕江县	民俗	第三批
13	四十八寨歌节	贵州省天柱县	民俗	第三批
14	侗族服饰	贵州省黔东南苗族侗族自治州	民俗	第四批
15	规约习俗（侗族款约）	贵州省黎平县	民俗	第四批

第十章
热心公益 和谐生态

侗族居住地区，水车飞转，古井遍布，山坳、路口凉亭矗立，溪流之处花桥横卧，寨中鼓楼挺拔，蜿蜒的青石板路将一幢幢木楼连接，这一幅幅美景的造就，都是侗族人热心公益的表现。关心集体与公共设施，又与侗族人团结互助的思想密切相关。民间认为“相帮为嘉，相聚为乐”，农耕稻作的季节性，需要彼此之间的相助；聚居在一个相对封闭的空间里，如果没有集体主义思想，则无法对抗外来的侵扰和应对各种自然灾害。这一整体性观念推己及人，使侗族人十分注重生境的营造，加之自然崇拜宗教思想影响，逐渐形成了强烈的可持续性生态理念。

寨门

热心公益

在侗族民间，“积善行德”是普遍的认识，人们将热心公益视为个体修行、房族家族品德、村寨风尚的一个重要内容。村寨建设如何，鼓楼、风雨桥是否雄伟壮观，是评价一个村落集体是否同心同德的重要标识。建立新寨，村人头一件大事就是考虑公共建筑和公共场地，如鼓楼、鼓楼坪、土地庙或萨坛、戏楼或戏台、风雨桥、水井、禾晾、池塘、石板路、护寨风水树等。故每迁徙到新地，侗族人都遵循“先修鼓楼，后起房立屋”的古训，建筑完主要的公共设施后才是各家住

水井

屋。村寨出入口处，建有寨门，侗人称之为“现”。进入寨门，则是用杉木条穿就的横栏“禾晾”，专供秋后晾晒禾把所用。村寨外有竹林、风水林、风景林。整个村寨，山水环绕，青山绿水，鸟语花香，避风向阳，寨内屋檐相接，青瓦粼粼，参差错落，花阶石路相连，花桥横跨溪流，凉亭坐落山坳，古树相依，宛如一幅美丽的画卷。

侗寨的公共设施主要表现为修路、架桥、修水利、修水井、修庙堂、建鼓楼、栽树、修凉亭及指路牌等方面，是村人参与公益事业的主要内容。

侗乡到处都设凉亭、井亭等公益建筑，以方便过往行人休息、饮水，有三里一井、五里一亭之说。凉亭多设在田坎边、渡口处、木桥旁、山路口等地，以供人们歇脚休息、乘凉躲雨。水井是侗族人日常生活不可缺少的设施，侗寨的水井可分为两种：一是供村人生活所需的，二是供路人饮用的。无论哪种水井，侗族人都十分重视它们的修建，他们在水井底部放上杂木炭，铺上宽大的青石板，四周也砌上青石板，有的还在顶上罩盖一块斜板以挡泥沙和防止杂物落入井中。不仅如此，有的水井还盖有井屋或井亭，顶盖瓦，既可保护水井的洁净，又可供人们休息、遮阳防晒避雨。侗族人常把修水井视为修功德的表现，故井屋或井亭旁常立有井碑，或在井碑上，或在梁木上写着修井捐款人姓名，以及修井日期，供后人纪念。

寨中的石板路

水利设施是稻作农耕必不可少的，弯弯曲曲的沟渠绕行于阡陌稻田，它们都是寨人在农闲之时集体出工出力修建，同时为了公平使用水资源，侗寨还形成了分水村规民约以及相应的分水器。寨里的道路以青石板或卵石铺砌，青石铺的叫青石路，卵石铺的叫

功德牌

“花街”，因人们总是把它砌成各种图案，十分美观，故称。村人常以美观的石板路而自豪，它同样是人们热心公益的表现。

组织群众参与公益事业者多为村寨里德高望重的老人或民间组织，届时，村人会自愿出工出力或集资参与公益活动。在许多侗族地区的鼓楼旁、花桥边、凉亭前、水井旁，往往立有功德碑，告知人们贡献者所尽之力。平时人们看到哪个水井坏了，哪座桥、哪条道路坏了，也会自觉、主动去修护。而对于那些破坏公共设施者，不仅会遭到谴责，而且还须负一定的赔偿责任。

可以说，侗族村落建筑不是随意的拼凑与铺陈，其精巧的布局，既要满足人们日常生活所需，个人与群体、群体与群体之间的互动，又关照到与自然的和谐，保留了较多的古代遗风，构成侗乡建筑艺术的整体，体现了侗族人民善行好义，热心公益事业的优良传统。

团结互助

侗款说：

独木不成林，滴水难成河。一根棉纱容易断，十根棉纱能把牯牛拴。三人同行老虎怕，一人走路猴子欺，我们要像鸭脚连成片，不要像鸡脚分杈杈。

民间俗语也说：

风雨同舟，祸福同享。

一人落难万人帮，一家遭灾万家扛。

如鸡脚分裂别人胜我们，如鸭脚相连我们胜别人。

刀难离鞘，佩带难离汉，酒难离瓶，梳难离髻。

在许多侗族族规里也明确规定：

不论是长辈还是少辈，老年还是青年，都要团结互助。

不论谁家有红白喜事，吾族都应积极参与料理。

不说无利宗族团结之话，不做无利宗族团结之事。

侗族民歌唱道：

一根棉纱难织布哟！

一滴露水难起浪。

抬木过梁要有几根扛哟，

建造新房要靠众人帮。

你拉绳来，我拉杆哟，

你拿锤来我穿枋。

咚空咚空响不停，

大厦落成喜洋洋。

发挥余热

在人们看来，村落是生活的根基，只有依靠集体的力量，才能抵御外来势力的欺侮，也只有依靠集体的力量，才能战胜各种自然灾害。不管是政治上还是在经济生活中，个人如果离开了集体就无法生存。这种由种族生死存亡的忧患意识而产生的民族内聚力和集体至上的思想备受推崇，并被演化成为全民共同遵守的社会道德规范和审美追求，潜移默化地影响着每一个人。在侗族传统教育中反对突出个人价值，推崇集体至上，强调在集体中人人均等，先辈们用歌谣，故事等教育人们人多力量大，要团结一致，同甘共苦的道理。因此，为集体作贡献、作牺牲的人受人尊敬、爱戴；损害集体的人遭到众人的谴责，被孤立；突出个人、炫耀自己的人受人讥讽或贬损。在侗族地区，这种团结互助的集体主义思想往往又以集体活动的方式得以展现，如“月也”“多耶”、赛芦笙、祭祀“萨坛”等，都

肇兴祭萨仪式

肇兴祭萨大典

以集体形式进行，一系列集体活动培养和增强了人们的群体意识。在侗族民间，有许多俗语表达了人们对团结互助重要性的认识，如“千条江河相汇成大海，千棵树木相依成森林”，“蚂蚁齐心转得磨，喜鹊齐心斗得蛇”，“磨盘和磨扇，千条齿齿一颗心”，“一人落难百人帮，一家遭灾万家扛”，“众人一起吃才香，大家一起抬才轻”，等等。

高椅古村全景

群体是由无数个体组合而成，群体的稳定性、内聚力、群体利益的维护必须依赖于个体之间的团结协作、和谐一致。侗民们在实践中深谙此理，因此，他们在崇尚群体美的同时也推崇和谐共生美。每个侗族村寨都是一个和谐、温馨的整体，大敌面前，他们同仇敌忾，生死相扶。村寨之间、乡邻之间、朋友之间、父母兄弟姐妹之间、夫妻之间精诚团结，互助互爱。对于鳏寡孤独、老弱病残者，由房族或群众轮流抚养、给予资助。如让这些人外出乞食，则被认为是有伤民族或村寨的脸面。反过来，人们也在这些集体活动中感受着集体的力量，享受着大社会的和睦与温馨，从而又树立起更加强烈的集体主义意识。

尊老爱幼

抚幼养老是每一个侗族家庭的一项重要功能，由于物质生活水平的限制，地方社会不具备基本的社会养老保障机制，赡养老人成了每一个家庭神圣的职责。即便是鳏寡孤独者也能得到家庭或村寨的共同赡养，侗乡绝无让老人外出乞讨、流落异乡的现象发生，尊老爱幼的风尚已成为村寨人人皆依的行为规范。

在家中，有好吃的东西，让长者先品尝；吃饭时，让长者先落座，先动筷；在公众场合，让长者先入位，需要讨论什么问题

从江小黄民间歌会

▲

额洞小歌手

名誉会员长者先发言；在路上，晚辈要先向长辈打招呼，并主动为长辈让路。如长者挑担，而年少者赤手空拳，两人同路，则年少者应主动为年长者挑担。在鼓楼里，如有年长者在聊天，年少者可以旁听，但不能打扰。老人走进鼓楼里，年轻人都应主动起立让座。不管认识与否，不管是本村的，还是外来的客人，年少者均须尊重长辈和老人。出门在外，则要尊重朋友和他人。这是村规，也是族规。

村规说：

如有谁人不讲礼仪，不知孝顺，狗肺狼心，以少欺老，以下欺上；做年少的坐着，却让年长的站着；做下辈的躺着，却让做上辈的坐着；做好汉的闲着，却让年老体弱者累着；做儿媳的吃饱穿暖，却让公婆挨饥受寒。老天有眼，众人有耳。族人难以教训，让村人来给予惩罚。撵他出村，赶他出门，让他住进深山老林。

这样的村规在当地流传很久很久了，村上的敬老习俗也一代一代地传承下来。在侗族村寨，已形成了这样的风气：老少同堂，必让老人坐首座；饭桌席上，老人先动筷；道路上迎见老人，必先问候，并让其先过；看到老人挑东西，必替其挑抬；新谷成熟，由老人先品尝；家有美味佳肴，必让老人先享用。不仅如此，侗族民间还有许多尊老爱幼的歌谣广为传唱，如《劝孝父母歌》《劝敬公婆歌》《母亲之歌》等。

侗族小姑娘 ▶

生态理念

侗族人生活的地区大都山清水秀、林海茫茫、植被完好，是一个百鸟禽兽栖息、人与环境关系和谐的人间乐园，有“绿色明珠”“人类疲惫心灵的最后家园”之称，这种景象的形成，在很大程度上要归功于侗族民间传统的环保习俗和古朴的生态意识。侗族人民从长期适应和改造自然的生产生活实践中，逐渐养成了爱护环境、美化自然的良好美德和独特的生态意识，成为侗族传统文化的有机组成部分。

侗族人民的生态理念与周边其他民族存在着明显的差异。这些差异集中体现在侗族人民的生态智慧方面。归纳起来大致包括三个方面：一是生产生活尽可能与自然生态环境的结构保持一致；二是因地制宜地均衡利用自然生态系统所产出的各种生物产品；三是对自然资源的领有和使用尽可能保持相对完整，并以合款协议的方式，将这种领有和使用长期保持下去。

在侗族人民的观念中，最佳的人居环境应该是山、水、田各

山水环绕

▲

花桥流水

有其份，靠山要养山，傍水要惜水，种田要护田。为了补救自然背景的不足，每个村寨都根据需要修建鼓楼、风雨桥和凉亭等人工建筑，并合理配置林、田、房舍、水域、草地，形成草木相连，水塘相映，溪水穿寨而行的生态景观，如民谚所说："无村不寨门，无溪不花桥，无路不凉亭，无寨不鼓楼。"这些补救办法虽然是依托于所谓的风水龙脉思想，但它所要达到的目的是求得人居环境的理想化。对河流湍急的村寨，他们采用人工分流改道，依据地势构建河、塘、田、寨交错分布的格局。每个村寨的整体环境和谐舒适，呈现一幅自然与人文景观相映成趣、浑然一体的风景画。

同时，侗族人还十分重视因地制宜，根据不同的土壤、气候、水热条件等，栽种不同的植物，形成丰富的生物群落，由此使任何一种生物产品都不能形成大规模的批量产出，从而保证了整个生态环境的动态平衡。在稻田里，侗族人不仅种植稻谷，也养殖鱼、鸭，让鱼、鸭与稻谷一同产出；有些人家还在田埂上种植大豆，实行多种经营，形成生态农业景观。在种植人工林时，还混合种植多种旱地农作物，实行以短养长，均衡获取。其种植技术防范了病虫害，改善了土壤环境，提高了单位作物的产量，保证了生态环境的良性循环与人的需求共赢。侗族的这种经济生活方式妥善地解决了生物多样性并存的难题，是一种可持续发展的经济模式，体现了当下所倡导的生态经济和可持续发展的理念。

肇兴侗寨宣传石碑

侗族人不仅依自然之道而生活，而且还将自然视为与人一样有灵性、有意识、有情感，并对其往往怀有敬畏之情，由此而形成了万物有灵的崇拜思想，山神、水神、树神、花草、大石、土地等神灵，是他们时常祭拜的对象，如民间俗话说："大树保村，长老保寨"，村落成为一个人神同构的空间。人们把自然界的万物与人放在一个共生的、相互关联的生态系统中，由此形成了种种独特的传统观念和价值取向，并与自然环境建立了不可分离的共生关系。在他们看来，过度的攫取，既伤害了自然环境，同时也于人的生存不利，故侗族人在获取野生动植物资源时，往往遵循取物不尽、取之有度、用之以时的自然法则，既不乱捕滥猎，也不乱采滥挖，如民间禁忌捕杀动物幼仔，也禁忌在野生动物繁殖期狩猎。人们采集的对象主要是野菜、杨梅、野梨、猕猴桃、野李、板栗、木耳、香菌、竹笋、蕨菜、山薯、青苔等，野菜、菌、笋等起了补充家菜短缺的作用。人们在挖山折耳根、山薯时，总是自觉将连接藤蔓的一小段复埋入土中，以利其再生，力图保持人与自然的和谐关系。

简单的生活包含着深刻的道理。也正是在这样的观念下，侗族地区才常年覆盖着茂密的森林，清澈的水流总是涓涓不断。

为保护生态环境的平衡和资源的有效利用，侗族人还形成了

知识链接 侗族俗语还说："不饱不饿三石米，不咸不淡九斤盐，用油多少没止境，柴火一丈烧一年。"即一年烧的柴火把它堆成一丈高、一丈长、一丈宽，就够烧一年，每年也只砍这么多，不多砍，也不少砍。

▲

稻田、鸭子、花桥

许多规约。在侗族地区，环境与资源管理一般由有威望的寨老、款首等头人出面倡议、组织和实施。每年春天和秋天，他们都要召集村民修订和宣讲村规款约，以民族习惯法为依据，对环境与资源实行全员封闭式管理。这种以民族习惯法管理环境和资源的方式，在过去侗族特定的社会历史条件下十分有效。封山育林，

知识链接 **保护生态环境的侗款** 款约规定：禁止砍伐村寨前后的风景林木，不准乱捣树上的鸟窝等。款约还明确规定，“山林禁山，各有各的，山冲大梁为界。山场有界石，款区有界碑，山脚留火路，村村守寨规。山间的界石，插正不许搬移；林中的界槽，挖好不能乱刨。不许过界挖土，越界砍树；不许种上截，占下截，买坡脚土，谋山头草”。侗款对大到山地资源，小到村寨环境卫生都有明确的管理规定。对失火烧山的人，除赔偿山主的损失外，还要罚其重新造林；对盗伐林木的人，给以严惩重罚。同时，款约对造林护林的人，则大加赞颂，并予以物质和精神奖励。由于奖惩分明，使侗族民间开荒造林、封山育林、爱林护林蔚然成风。侗族人民依靠这种具有鲜明特色的环境与资源管理方式，曾使大片林木得到有效保护，村寨周围及封山林地树木葱茏，竹林婀娜多姿，青枝绿叶四季不凋，农林生产得到发展。这种传统的管理方式，至今仍不失其积极意义。

就是侗族地区比较成功的环境管理模式。

侗族人与自然和谐共生的生态理念是其在长期历史发展中适应独特的自然生态环境的产物，既体现了自然的本体观，也反映了人在文化创造中所蕴藏的人与自然平等、“天人合一”的意识。尽管历史上的侗族人没有“生态平衡”“低碳”“节能减排”等现代环保意识，但其尊重自然、顺应自然的思想，反映了侗族人深厚的生态智慧，具有鲜明的民族特色。在强调发展的今天，强调经济指标的当下，侗族传统的乡土生态知识无疑给现代化可持续发展之路的探寻以重要启示。

第十一章 区域自治 侗乡新貌

从远古走来的侗族，从未停止过其前行的步伐，尤其是新中国成立以及改革开放以来，侗族社会经历了翻天覆地的变化，民族区域自治地方的建立，使侗族人民实现了当家做主的愿望，而全球化、现代化、城镇化的迅猛发展，改变了侗族乡村封闭的状态，使人们逐渐融入世界经济体系，各项事业都取得了前所未有的成果。侗族人也在此过程中，感受着先辈们未曾想到过的社会文化变迁。

自治地方

民族区域自治，是指在统一的多民族国家内，在国家宪法的基础上，由少数民族自己管理本民族地区的内部事务。它是解决多民族国家民族问题，实现各民族平等联合、团结统一、当家做主的最好的政治形式。中国的民族区域自治则是解决中国民族问题的基本政治形式，是中国的一项重要的政治制度，它与人民代表大会制度、中国共产党领导的多党合作和政治协商制度一起，构成我国三大政治制度。中国的民族区域自治制度是指在国家统一领导下，各少数民族聚居的地方实行区域自治，设立自治机关，行使自治权的制度。

1949年9月，中国人民政治协商会议确定了我国建立单一制的人民共和国，在各少数民族聚居的地区实行民族区域自治，并把这一内容写进起临时宪法作用的《共同纲领》之中，作为我国解决民族问题的基本形式，并确定了我国民族区域自治的基本内容。从1950年开始在全国范围内推行民族区域自治，1952年，制定颁布了《中华人民共和国民族区域自治实施纲要》，1954年，中华人民共和国第一部宪法颁布，明确了民族区域自治的法律地位。这一时期有关民族区域自治的法律法规性文件以及有关领导的讲话、著作，对中国的民族区域自治进行了理论上的基本阐述。1984年10月，《中华人民共和国民族区域自治法》颁布实施，进一步以法律的形式把民族区域自治政策固定了下来，使民族区域自治进入法制化轨道，标志着民族区域自治建设进入了新的时期。1997年党的十五大以来，民族区域自治制度被确立为我国必须长期坚持的一项基本政治制度。2001年2月28日，经第九届全国人大常委会三审通过的《中华人民共和国民族区域自治法》修正案草案公布实施。2005年，国务院颁布《实施〈中华人民共和国民族区域自治法〉若干规定》。

实行民族区域自治，保障了少数民族在政治上的平等地位和平等权利，从而把国家的统一和民族的自主平等结合起来，最大限度地满足各民族积极参加国家政治生活的愿望；有利于从实际出发，把中央人民政府的方针、政策和少数民族地区的具体特点结合起来，发挥各民族地区的优势，调动广大少数民族人民社会主义建设的积极性。民族区域自治制度还有利于维护国家统一和安全，有利于发展平等团结互助和谐的社会主义民族关系，有利于促进社会主义现代化建设事业蓬勃发展。

根据民族区域自治法，侗族地区的民族区域自治建设取得了丰硕的成果。

黔东南苗族侗族自治州政府大楼

黎平机场

1956年4月13日，国务院全体会议第二十七次会议根据宪法的规定和各族人民的意愿与要求，通过了设置贵州省黔东南苗族侗族自治州和黔南布依族苗族自治州的决定。5月5日，在贵州省省委和省人民委员会领导下，在镇远成立了黔东南苗族侗族自治州筹备委员会。筹备委员会的全体委员就第一届自治州人民代表大会的组成、自治州首府的确定和自治条例的起草以及有关事项进行了充分的协商，取得了一致意见。1956年7月15—23日，黔东南苗族侗族自治州第一届人民代表大会第一次会议在镇远隆重召开，正式宣告黔东南苗族侗族自治州成立。侗族相对聚居的镇远、三穗、岑巩、天柱、锦屏、剑河、黎平、从江等县作为自治州重要组成部分。

黔东南苗族侗族自治州是侗族第一个也是唯一一个州级以上的自治地方，它的成立，一方面体现了党和政府民族平等、民族团结，各民族当家做主的民族政策的具体落实；另一方面，也为侗族人民的发展开启了新的纪元。自治州成立后，自治机关根据

侗城，《坐夜三江》每晚在此上演

通道侗族自治县政府办公楼

芷江侗族自治县政府大门

宪法赋予的权利，自主管理本州的事务，采取了一些特殊政策和灵活措施，促进了自治州经济、文化和其他社会事业的发展，大批民族干部也迅速成长起来。目前，黔东南苗族侗族自治州辖15个县1个市和1个省级经济开发区，总面积3.03万平方公里，446.91万人，其中少数民族人口占81.9%，聚居着苗、侗、汉、布依、水、瑶、土家、壮等33个民族，是全国30个自治州中人口最多和民族比例较高的自治州，被誉为“世界苗侗文化遗产保留核心地”。

侗族自治县目前主要有：贵州省玉屏侗族自治县；广西壮族自治区三江侗族自治县、龙胜各族自治县；湖南省通道侗族自治县、新晃侗族自治县、芷江侗族自治县、靖州苗族侗族自治县。玉屏侗族自治县隶属贵州省铜仁地区，素有“黔东门户”之称。20世纪80年代以后，通过民族识别，玉屏侗族人口占全县总人口的62.3%。1983年9月7日，国务院决定撤销玉屏县成立玉屏侗族自治县。同年12月，自治县筹备委员会成立，在经过一年的准备工作后，1984年11月7日，县人民政府在县城召开了玉屏侗族自治县成立大会和庆祝活动。1951年8月19日，广西龙胜县侗族人民和壮、瑶、苗等兄弟民族建立了龙胜各族自治县。

广西三江侗族自治县是全国七个侗族自治县中侗族人口最多的一个县，2012年全县人口36.770 7万人，其中侗族人口占57%。该自治县于1952年12月3日正式建立，是侗族地区较早成立自治地方的县，拥有中国最完好、数量最多、分布最集中的侗族建筑群，境内共有侗族风雨桥108座，鼓楼159座，还有大量的侗族民居建筑群。湖南省通道县也是侗族人口较多的一个县，据2008年统计，全县总人口21.4万人，其中农业人口18.5万人，有13个民族，侗族占73%。1954年5月2—7日，通道侗族自治县第一次人民代表大会隆重召开，经湖南省人民政府和中南局报请中央人民政府政务院批准，成立了通道侗族自治县，实行民族区域自治。湖南省新晃侗族自治县辖7镇16乡297个村，总面积1 508平方公里，居住着侗、汉、苗、回等26个民族，总人口26万，其中侗族占80.13%（2008年数据），1956年12月5日，经国务院批准成立新晃侗族自治县。1987年2月19日，经国务院批准，撤销靖县，设立湖南省靖州苗族侗族自治县，同年9月

27—29日，举行了县庆庆祝活动。湖南省芷江县于1986年9月22日，经国务院批准，设芷江侗族自治县。同年10月，芷江侗族自治县成立庆祝大会筹备委员会成立，1987年9月24日，在芷江县城召开了自治县成立大会。

在侗族聚居区实行民族区域自治的同时，根据散杂居民族建立民族乡的有关政策，一些侗族地区还建立了民族乡。

民族乡是我国特有的、少数民族自己管理自己内部事务、依法行使当家做主权利的一种基层政权形式，是解决我国散杂居少数民族问题的一种较好的政治形式，是民族区域自治制度的一种必要补充形式，也是中国民族平等权利的具体体现。它对于保障散杂居少数民族的平等权利，促进当地民族社会经济和文化事业的发展，提高人民群众文化水平，改善群众物质生活，增强民族团结等，都有积极的意义和重要作用。

目前，侗族地区已形成自治州、自治县、民族乡三级建制。各级侗族自治地方的成立，是侗族人民政治生活的一件大事、喜

知识链接 **侗族地区的民族乡主要有40个**

贵州省铜仁市万山特区（4个）：下溪侗族乡、万山特区敖寨侗族乡、万山特区高楼坪侗族乡、万山特区黄道侗族乡；

贵州省石阡县（9个）：青阳苗族仡佬族侗族乡、枫香仡佬族侗族乡、坪地仡佬族侗族乡、龙井侗族仡佬族乡、石固仡佬族侗族乡、坪山仡佬族侗族乡、甘溪仡佬族侗族乡、聚风仡佬族侗族乡、大沙坝仡佬族侗族乡；

贵州省铜仁市（7个）：桐木坪侗族乡、鱼塘侗族土家族苗族乡、大坪侗族土家族苗族乡、和平土家族侗族乡、滑石侗族苗族土家族乡、瓦屋侗族乡、六龙山侗族土家族乡；

贵州省江口县（3个）：民和侗族土家族苗族乡、官和侗族土家族苗族乡、坝盘土家族侗族苗族乡。

广西壮族自治区（1个）：融水苗族自治县滚贝侗族乡。

湖北省（3个）：恩施市芭蕉侗族乡、宣恩县长潭河侗族乡、宣恩县晓关侗族乡。

湖南省会同县（6个）：炮团侗族苗族乡、宝田侗族苗族乡、蒲稳侗族苗族乡、金子岩侗族苗族乡、漠滨侗族苗族乡、青朗侗族苗族乡；

湖南省绥宁县（7个）：东山侗族乡、朝仪侗族乡、鹅公岭侗族苗族乡、寨市苗族侗族乡、乐安铺苗族侗族乡、联民苗族侗族乡、枫木团苗族侗族乡。

事，它使侗族人民真正实现了当家做主、自己管理自己事务的愿望。无论是20世纪50年代还是80年代，每一个自治地方成立之时，人民群众都喜气洋洋，到处张灯结彩，男女老少身着节日盛装，载歌载舞，表达了无比的喜悦之情。

民族教育发展

侗族传统的民族教育在乡间主要以家庭教育和社会教育为主，它们对儿童社会化的过程和民族文化的传承起到了重要作用。作为培养人才的重要途径和方式之一，学校教育与民间传统教育相辅相成，它们共同构成侗族民族教育体系。

侗族的学校教育始于唐、宋。其时，随着中央封建王朝的势力逐渐深入侗族地区，汉文化的影响也渐渐渗透到侗族民众中。它一方面表现为汉族移民的到来，进一步加强了汉族与当地少数民族的交往和交流，使侗族及其他少数民族深受汉文化的影响；另一方面，中央王朝在加强侗族地区政治、军事、经济统治和管理的同时，也在积极推动汉文化的传播，兴办学校教育，尤其是一些地方政府官员和文人墨客，更是身体力行地推行汉文化教育，从而使侗族的民族教育体现在这时期出现了重大变化，逐渐纳入了汉文化或封建王朝文化教育体制中。元明清时期，汉文化于侗族地区的传播在唐宋基础上又有了新的发展，“府学”“县学”“义学”“馆舍”“书院”“学宫”等教育设施，成为主流文化

车民小学

传播的重要平台。民国时期，随着新学渐渐普及。侗族地区除一些义学、书院改为学堂外，还创办了许多新的学堂，为侗族地区培养了一批具有新知识和新理念的知识分子。但由于这一时期战乱不断，民不聊生，社会动荡不安，不仅经济发展缓慢，教育经费不济，学校教育发展缓慢，甚至有的地方停滞不前，教育普及面有限，教育事业衰落不振。侗族地区，多数是一保才有一所国民小学，一乡才有一所中心小学，数县才有一所中学，学生人数也不很多，偏僻的侗乡农村，仍是私塾在担负学校教育任务，民间教育仍是主要的教育方式。

新中国成立后，侗族的民族教育事业发展进入了一个新的时期，尤其是民族自治地方的建立，带来了侗族教育事业发展的新契机。主要表现在基础教育、职业教育和高等教育三个方面。

在基础教育方面，1985年5月，中共中央发出了《关于教育体制改革的决定》，侗族所在州县根据“决定”精神，逐步建立了分级办学、分工管理的教育管理新体制。2001年5月，国务院下发了《关于基础教育改革与发展的决定》，对一些教育管理体制进行了调整。随着《中华人民共和国义务教育法》《中华人民共和国教育法》和《中华人民共和国教师法》的颁布实施，学校内部的人事制度改革也逐步展开，学校教育体制进一步完善。与此同时，自20世纪90年代以来，在“科教兴国”的发展政策指引下，教育被置于国家战略的重要位置，中央和省、州、县各级政府进一步加大了发展教育的力度，投入逐年增加。这一时期，

地扪小学

“义教工程”、中小学“危房改造工程”、中小学“寄宿制学校建设工程”“普九工程”“教育扶贫工程”“危房工程”“对口帮扶工程”等教育工程的实施，大大加快了侗族地区教育事业的发展。不仅如此，国家九年义务制教育政策的实施，使众多的中小学生享受到免费入学的优惠，提高了入学率和巩固率。实现了基础教育完全小学（含中心小学）、村小（含教学点）、初中、普通高中的完整体系。

为发展民族教育，在一般性基础教育发展的同时，侗族所在地各级政府也对民族教育给予了高度重视，兴办了民族小学、民族中学和民族师范学校。对在民族学校就读的学生，根据学生家庭经济情况，评发不同金额的人民助学金。有些县对边远民族地区的农村小学高年级学生，实行寄宿制，包吃、包住、包学习费用，鼓励和支持他们完成小学阶段的学业。各类民族学校每年冬季，对困难的少数民族学生还发放寒衣或寒衣补助费。不仅如此，高校、中专招生时，对民族考生按政策还降低录取分数段。在一些民族学校，还十分注意双语教学，成为民族教育的一个重要组成部分。为了挖掘和弘扬民族传统文化，许多学校都注意收集有关资料，作为对学生民族教育的乡土教材。有的学校将侗歌、刺绣、民族体育活动、民族乐器（如侗族琵琶）等引进课堂，或融入学校开展的文体活动中，使学生在受到民族文化艺术熏陶之时，也培养他们热爱家乡、建设家乡的思想感情。

▲

打篮球

在基础教育发展的基础上，侗族地区的职业教育也逐渐发展起来。侗族地区的职业教育发端较早，如1900年，熊希龄在芷江创办了务实学堂，民国建立后命名为湖南省沅州务实甲种蚕业学校；1917年，湖南省在芷江成立第二种农业学校。这些职业学校开设了园林、园艺、牧医、护理、计算机、旅游、行政管理、电子电器、服装设计与制作、口腔工艺、药剂、家电维修、环保、厨艺、文秘、水电、林业等专业，为各行各业培养了许多急需的人才，也大大提高学习者的职业技能。芷江侗族自治县的职业教育由于其办学特色和成果，被誉为“芷江模式”“怀化经验”而推广全省，辐射全国。1992年，芷江中专被国家教委、国家民委授予全国民族教育先进集体，1994年被国家教委授予全国农村综合教育改革先进单位，被国务院授予全国民族团结进步模范单位。1996年经国家教委验收，认定为全国重点职业高中。

侗族地区的高等教育主要是师范教育。师范教育在侗族地区发端较早。清光绪三十年（1904），改明山书院为沅郡联立女子师范学堂，因时局动荡，9年后停办。1909年，县城建立沅郡教员养成所。民国十八年（1929），湖南省第九联合中学改为沅郡联立乡村师范学校，学制四年。民国二十六年（1937），湖南省政府在芷江设立“湖南省立芷江乡村师范学校”，学制四年。1941年改名为省立第十师范学校。1943年，成立县立简易乡村师范学校。1953年，湖南省立芷江乡村师范学校更名为“湖南省芷江师范学校”，次年被国家教育部列为全国重点扶持的80所中等师范学校之一。1989年，该校更名为“芷江民族师范学校”。抗战时期，还在镇远、榕江等地创办了师范学校。现在，一些师范学校交由县里开办普通高中。

怀化学院创办于1958年，前身是怀化师范高等专科学校，2002年5月，经国家教育部批准升格为全日制普通本科院校，并更名为怀化学院。经过50年的建设和发展，学校已拥有文、理、教、工、管、经、法、农等八大学科门类，形成了以本科教育为主，师范教育与非师范教育并重，为地方经济和社会发展服务的开放性、应用性、多科性的教学型本科院校。

凯里学院的历史可追溯到1901年在镇远建立的“明德中西学堂”，其高等教育历史则应从黔东南历史上第一所综合性大学——黔东南大学算起。黔东南大学于1958年8月成立，1959年8月改建为黔东南师范专科学校。1978年4月，经国务院批准，在凯里成立了黔东南民族师范专科学校，1993年更名为黔东南民族师范高等专科学校。2006年2月14日，经教育部批准，黔东南民族师范高等专科学校改建为本科层次，更名为凯里学院，是黔东南州唯一的本科层次的普通高等学校。凯里学院建校以来，学校为社会各行各业培养了12 000余名合格人才，为地方经济社会发展做出了积极贡献。

目前，侗族地区的小学、中学教育已经普及，大学生、研究生也在侗族地区不断涌现，而且现在的侗族地区已形成了幼儿、小学、中学、高中、中专、大专本科、职业教育、特殊教育、成人教育等成规模的教育体系，许多地区已基本实行九年义务制教育，侗族文盲率在不断降低的同时，全民文化素质也在逐渐提高，涌现出一大批本民族的知识分子和专家学者，极大地促进了侗族地区人才的培养和侗族人口素质的提高，推动了侗族地区的社会不断发展。

文学创作

侗族没有本民族创制的文字，历史上的文学创作多为口耳相传、心授的民间文学，其创作者为广大民众。

唐宋以来，尤其是明清时期，随着中央王朝对侗族地区统治的不断深入，一方面，侗族人与汉文化的交流越来越多，汉文化的影响逐渐加深，不少侗族人开始接受和学习汉文化和汉字；另一方面，一些地方官员或文人墨客在侗族地区创办私塾、义学、社学、书院，积极推行和倡导汉文化的学习，培养了许多文化水平较高的侗族知识分子。在此背景下，以汉字进行创作的侗族文人开始出现。一批有才华的、汉文水平较高而又通晓本民族文化的侗族知识分子和歌师，他们以汉文为工具进行了民间文学的创作。在这种创作中，一种以“汉字记侗音”的方式被广泛采用，如许多侗戏剧本即是以这种方法撰写。

榕江侗学会

清代是侗族文学创作的一个重要时期，在这一时期，不仅出现了大量具有现实主义思想的作品，如反映农民起义的、民众生活状态的等等，而且民间戏剧文本也不断涌现，书面传抄已成为作品创作和流传的普遍现象，同时，受汉族文学的影响，侗族文人文学也大量产生。侗族文人文学是指侗族文人用汉语文创作的诗、词、赋、小说、杂记、散文、剧本等文学题材。清代的一些侗族文人多将汉族文学题材移植过来，编成侗族叙事歌或侗戏，在民间广为传播，促进了侗族民间文学的繁盛以及作家文学的发展。

民国时期，随着新学的不断普及，以及大量懂汉文的知识分子的出现，热爱生活的侗族人民在继承传统的基础上，仍创作了许多具有时代精神的作品，其主要内容既有反映民主革命和反封建斗争的，又有反映现实生活的，其题材广泛，表现手法多样，内容更加丰富，除原有的歌谣、传说故事、念词、说唱文学、戏剧文学外，还有自由体诗、杂文、散文、小说、报告文学等。其中的许多作品或刊登在报纸杂志上，或汇编成集公开出版。这些新文学形式的出现，一方面与侗汉民族的频繁交往有密切的关系；另一方面与文化教育水平的普及和提高有关，同时也与“五四”新文化运动的影响有一定联系，它们对促进侗族文学的发展开辟了新的道路。

新中国成立后，侗族民间文学在继承传统的基础上，搜集、整理、翻译、研究和出版等方面出现了新的面貌，许多文化单位、研究部门、民族院校、艺术院校等，搜集了数以百万字计的侗族民间文学资料。与此同时，在原有的侗族作家的基础上逐渐形成了自己的作家队伍，标志着侗族民族文学创作进入一个崭新的发展时期，多位侗族作家被吸收为中国作家协会会员。随着侗族作家队伍的逐步扩大，侗族作家文学出现了前所未有的繁荣景象，出版与发表了数以千计的长篇小说、中篇小说、短篇小说、散文、诗歌、长篇叙事诗、儿童文学、电视剧本以及报告文学、纪实小说等，极大地丰富了侗族文学内容和内涵，且思想水平和艺术水平较高，作品影响力不断提高，许多作品获得了各种奖项。此外，随着网络的逐渐普及，侗族网络文学发展较快，如“侗人网”“鼓楼之窗”“天柱爱心论坛”“黔东南作家”“通道侗乡信息港”“清水江”“侗族文学艺术网”等都辟有侗人文学专栏。许多侗人文学爱好者在这里显示自己的才华，表达自己的情感，有的还文图并茂、声像并举，受到国内外网友们的热烈欢迎。2000年3月和9月，又先后创办《侗人快讯》网络版和《侗人网》，使侗人作家的创作开始迈进一个崭新的网络时代。为表彰和鼓励在侗族文学创作中的杰出者，中国少数民族文学学会侗族文学分会理事会2000年决定将侗族文学的最高奖项定名为“鼓楼奖”和“风雨桥奖”。

网站建设

互联网在当下已成为联结世界各个区域的纽带，人们在瞬间便可知晓地球上每个角落的信息。当许多乡村侗族人还在被电话、电视的神奇感叹时，手机网络、电子邮件、QQ、微信、Wifi等在不经意间来到了侗族人家，成为许多人与外界交流的时尚方式。侗族网站正是随着信息时代的到来而迅速发展起来的。

就目前来看，专门的侗族网站多由个人或群团自发创办，以传播侗族文化、报道侗乡新闻为主要内容，以弘扬侗族传统文化，增进民族交流，加强民族团结，促进民族社会经济发展和繁荣进步为宗旨的公益性网站，如侗人网、侗族风情网、中国侗族网、中国·侗族、中国·侗乡、天下侗族、龙额侗族网、九寨风情网、坪寨侗族风情网、鼓楼之窗、侗族文学艺术网、行走侗乡图片网、101寨主音乐网、黎平侗人网、榕江河侗族论坛、侗族侗文网、侗乡网、侗乡摄影等，这类网站有20余个。还有一些网站是侗族所在地区的旅游部门或企业，为对外宣传侗族文化、推广侗族地区的旅游资源而自发创办的，如中国侗乡旅游网、侗族旅游摄影网、广西三江旅游文化网、程阳桥景区、侗家旅馆、凯里侗家寨、通道侗乡网等，这样的网站有十余家。此外，侗族所在地区的政府部门及其相关机构，在公务网或公众信息网站上也有许多关于侗族风情、传统文化、社会发展等方面内容的介绍，如三江侗族自治县政府网、黎平综合网、通道文化遗产网等等。各级各类网站以它们的主旨、特色，从不同视角展现了侗族的社会文化，传播了侗族文化，涉及面广，内容丰富多彩，尤其是图文并茂的方式更让人们能够直观地了解和认识侗族社会文化的异彩纷呈，感受着侗族文化的无穷魅力和深刻内涵。

立体交通

侗族地区的现代交通方式经历了从无到有、从单一到多样、

▲

村寨石板路

从平面到立体的过程。

20世纪50年代以前，许多侗族地区没有公路、没有机动车，人们的交往或乘舟船，或以脚行走，物资的运输则以牛拉马驮，或肩挑背扛。在侗族村寨内，一般都用岩石板、鹅卵石铺路，有的还拼有花色图案，村与村之间的道路多用碎石铺成。这些路主要由全村寨人捐钱和出义务工修筑。在许多岔路口大都有"指路碑"，山坳处建有路亭或井亭，给行人提供各种方便。但由于侗族分布的地区山脉纵横，峰峦连绵，险关重重，众多河流蜿蜒，深壑于群山之中，沟深谷狭，水急滩险，区域之间的交通，尤其是陆上交通十分不便。

由于陆路交通较为困难，历史上侗族地区内部交通和对外交通都是以水上交通为主，交通工具以木船、木筏和竹筏为多。按船的功能，一般可分为货船、渔船和渡船。旧时，居住在江边的人家，几乎家家户户都有船，大多用杉木制造，用铁钉或竹钉将木板组合后，再用竹皮、葛麻、藤根茎、石灰等掺上桐油舂烂，嵌抹在钉眼和板缝上，之后刷上桐油。保养较好的木船，一只可用20—30年。20世纪70年代以后，由于大量兴修水利和电站，河流中闸坝不断增多，㵲阳河干支流和清水江、都柳江上游逐步断航，公路成为主要的运输渠道。新中国成立后，侗族地区的交通运输得到了极大改善，尤其是改革开放后，在国家“三通”政策全面实施下，侗族地区已实现了县县通油路，村村通公路。在许多地方，国道、省道贯通，如320国道、201省道，与县乡公路组成四通八达的交通运输网络。近十余年来，随着西部大开发的建设和国家对基础设施建设的重视，高速公路穿过许多侗族地区，如厦蓉高速路、“上瑞”高速路、沪昆高速路等，将昔日曾封闭的山寨与外面世界连接起来。

榕江高铁站

黎平机场候机楼

与此同时，铁路建设也在侗族地区如火如荼地进行，湘黔铁路、沪昆铁路、枝柳铁路均穿境而过。更为重要的是，一些侗族地区如今又开始迈向高铁时代。2014年12月26日，贵广高铁全线正式通车运营，标志着贵州省开始进入高铁时代，它从榕江、黎平、从江、三江等南侗地区穿境而过；凯里、怀化、芷江等市县，是沪昆高铁沿线的重要站点，它们将侗族地区与东南发达省市的距离大大拉近，天堑变通途已不是梦想，朝发夕至已成为许多人出行的方式，祖辈们不曾想过的便捷交通在新世纪的侗族地区已成为现实。

不仅如此，航空建设也在一些侗族地区迅速发展起来，修建于抗战时期的芷江机场于2002年正式改扩建，并在2005年12月19日复航。1999年1月，贵州省政府做出了修建黎平机场的决策，2000年12月28日正式开工建设，2005年11月18日竣工通航，可起降波音737等大型客机，它的建成通航，是南侗地区交通运输史的里程碑。始建于1958年、1972年首次通航、1982年停航的铜仁凤凰机场（原大兴机场），于2001年投资1.63亿元改扩建工程完工，并成功复航。现已开通至贵阳、北京、上海、广州、昆明、深圳、杭州、长沙、厦门等城市航线，是武陵山区重要空中综合交通枢纽之一。

如今的侗族地区出行不再是畏途，公路、铁路、航空、水路共同形成了立体式的交通运输网络，人们与外面世界的联系越来越方便，对现代文化的感受也近在咫尺。

参考文献

1. 崔海洋. 人与稻田. 昆明: 云南大学出版社, 2009

2. 蔡凌. 侗族聚居区的传统村落与建筑. 北京: 中国建筑工业出版社, 2007

3. 陈幸良, 邓敏文. 中国侗族生态文化研究. 北京: 中国林业出版社, 2014

4. 陈国强, 蒋炳钊, 吴绵吉, 辛士成. 百越民族史. 北京: 中国社会科学出版社, 1988

5. 邓敏文, 吴浩. 没有国王的王国——侗款研究. 北京: 中国社会科学出版社, 1995

6. 邓敏文. 侗族. 北京: 中国人口出版社, 2013

7. 蔡凌. 侗族聚居区的传统村落与建筑. 北京: 中国建筑工业出版社,2007

8.《侗族简史》编写组. 侗族简史. 贵阳: 贵州民族出版社,1985

9.《侗族百年实录》编委会. 侗族百年实录, 北京: 中国文史出版社,2000

10.《侗族文学史》编写组. 侗族文学史. 贵阳: 贵州民族出版社,1988

11. 侗族研究会编. 侗学研究. 贵阳: 贵州民族出版社, 1991

12. 冯祖贻等. 侗族文化研究. 贵阳: 贵州人民出版社, 1999

13. 傅安辉. 侗族口传经典. 北京: 民族出版社, 2012

14. 傅安辉, 余达忠. 九寨民俗——一个侗族社区的文化变迁. 贵阳: 贵州人民出版社, 1997

15. 贵州省地方志编纂委员会. 贵州省志·民族志. 贵阳: 贵州民族出版社, 2002

16. 贵州省民族事务委员会,贵州省民族研究所.贵州六山六水民族调查资料选编(侗族卷). 贵阳: 贵州民族出版社, 2008

17. 贵州省文管会办公室,贵州省文化出版厅文物处.贵州文物古迹传说选. 贵阳: 贵州人民出版社, 1985

18. 贵州省侗学研究会. 侗学研究——民族意识新觉醒（三）. 贵阳: 贵州民族出版社, 1998

19. 湖南少数民族古籍办公室. 侗款. 岳麓书社, 1988

20. 陆中午, 吴炳升. 湖南通道侗族文化遗产集成·第二辑. 北京: 民族出版社, 2006

21. 陆中午, 吴炳升. 湖南通道侗族文化遗产集成·第三辑. 北京: 民族出版社, 2006

22. 刘亚虎. 天籁之间——侗族大歌. 哈尔滨：黑龙江人民出版社，2005

23. 刘沛林. 古村落：和谐的人聚空间. 上海：上海三联书店，1997

24. 刘芝凤. 中国侗族民俗与稻作文化. 北京：人民出版社，1999

25. 龙耀宏，龙宇晓. 侗族大歌琵琶歌. 贵阳：贵州人民出版社，1997

26. 罗康智，罗康隆. 传统文化中的生计策略. 北京：民族出版社，2009

27. 廖君湘. 南部侗族传统文化特点研究. 北京：民族出版社，2007

28. 廖君湘. 侗族传统社会过程与社会生活. 北京：民族出版社，2005

29. 刘国礼，朱琳. 黔东南苗族侗族斗牛文化研究. 北京：民族出版社，2013

30.《黔东南苗族侗族自治州概况》编写组，《黔东南苗族侗族自治州概况》修订本编写组.黔东南苗族侗族自治州概况. 北京：民族出版社，2008

31. 黔东南州文化局. 贵州侗戏. 贵阳：贵州民族出版社，1989

32. 石开忠. 侗族鼓楼. 香港：华夏文化艺术出版社，2001

33. 石开忠. 侗族款组织及其变迁研究. 北京：民族出版社，2009

34. 石佳能，林良兵，吴文志. 独坡八寨志. 北京：中国戏剧出版社，2011

35. 石干成. 走进肇兴. 北京：中国文联出版社，2002

36.《通道侗族自治县概况》编写组，《通道侗族自治县概况》修订本编写组. 通道侗族自治县概况. 北京：民族出版社，2008

37. 王胜先，罗庭华，刘振国. 侗族文化新论. 贵阳：贵州人民出版社，1991

38. 王胜先. 侗族文化与习俗. 贵阳：贵州民族出版社，1989

39. 王胜先. 侗族文化史料（1—10卷）. 黔东南苗族侗族自治州民委民族研究所

40. 吴浩，梁杏云. 侗族款词（上,下）. 南宁：广西民族出版社，2009

41. 吴浩. 中国侗族村寨文化. 北京: 民族出版社，2004

42. 吴嵘. 贵州侗族民间信仰调查研究. 北京: 人民出版社，2014

43. 吴定国，邓敏文. 侗族大歌拾零. 贵阳：贵州民族出版社，2005

44. 吴祥雄. 湖南侗族风情. 长沙：岳麓书社，2003

45. 冼光位. 侗族通览. 南宁：广西民族出版社，1995

46. 徐晓光. 款约法——黔东南侗族习惯法的历史人类学考察. 厦门：厦门大学出版社，2012

47. 杨筑慧. 中国侗族. 银川：宁夏人民出版社，2012

48. 杨筑慧等. 侗族糯文化研究. 北京: 中央民族大学出版社，2014

49. 杨权. 侗族民间文学史. 北京: 中央民族学院出版社，1992

50. 杨权，郑国乔，龙耀宏. 侗族. 北京: 民族出版社，2003

51. 杨通山，蒙光朝，过伟，郑光松，周东培. 侗族风情录. 成都：四川民族出版社，1983

52. 杨源，王彦. 侗族织绣. 昆明：云南大学出版社，2006

53. 杨源，苏玲. 侗族亮布. 昆明：云南大学出版社，2006
54. 杨国仁，吴定国等. 侗族祖先哪里来. 贵阳：贵州人民出版社，1981
55. 杨国仁. 侗族的迎宾仪式——拦路. 黔东南社会科学，1983（3）
56. 余未人. 走近鼓楼. 贵阳：贵州人民出版社，2001
57. 余达忠. 侗族民居. 香港：华夏文化艺术出版社，2001
58. 张泽忠. 侗族风雨桥. 香港：华夏文化艺术出版社，2001
59. 张世珊，杨昌嗣. 侗族文化概论. 贵阳：贵州人民出版社，1992
60. 张民. 侗族探源. 北京：中国戏剧出版社，2012
61. 朱慧珍. 诗意的生存——侗族审美生存特征初探. 广西民族学院学报，2004（5）

图片提供者 

（按姓氏笔画为序）

书侗
第 12 页
第 13 页
第 17 页
第 19 页
第 20 页（上、下）
第 24 页
第 25 页
第 27 页
第 28 页
第 29 页
第 30 页
第 31 页
第 31 页（上、下）
第 164 页
王华
第 186 页（中）
任和昕
第 36 页（上）
第 41 页
第 70 页
第 78 页
第 80 页（中）
第 81 页（下）
第 82 页（下）
第 84 页（上、下）
第 91 页
第 93 页
第 98 页
第 108 页
第 113 页
第 121 页
第 124 页（上）
第 127 页（上）
第 134 页
第 138 页
第 139 页
第 140 页
第 142 页
第 155 页（上）
第 160 页
第 161 页
第 162 页
第 176 页（上、下）
第 177 页
第 180 页
吴老成
第 22 页
第 34 页
第 37 页
第 42 页
第 43 页（上、下）
第 46 页
第 47 页
第 48 页（上）
第 82 页（上）
第 85 页
第 86 页（下）
第 107 页
第 110 页（上、下）
第 111 页（上、下）
吴家琴
第 83 页（下）
吴跃军
第 73 页
第 80 页（上）
第 89 页（下）
第 125 页
第 129 页（下）
第 132 页（上）
第 146 页
第 147 页
第 174 页（下）
第 186 页（上）
张盛
第 44 页
第 185 页（上）
张铭心
第 186 页（下）
杨通荣
第 38 页（上）
第 45 页
第 182 页
杨筑慧
第 10 页
第 35 页（上）
第 36 页（下）
第 38 页（下）
第 39 页（上、下）
第 40 页
第 48 页（下）
第 49 页
第 50 页
第 52 页
第 53 页
第 55 页
第 56 页
第 58 页
第 59 页
第 60 页
第 61 页
第 62 页（上、下）
第 63 页（上、下）
第 64 页
第 66 页
第 68 页
第 69 页（上）
第 71 页（上、下）
第 72 页（上、下）
第 74 页（中、右）
第 75 页
第 76 页
第 77 页（上、下）
第 79 页（上）
第 83 页（上）
第 88 页（左）
第 90 页
第 92 页（上、下）
第 95 页
第 96 页
第 100 页
第 101 页
第 104 页
第 105 页
第 106 页
第 112 页
第 116 页
第 122 页（下）
第 123 页
第 124 页（下）
第 126 页
第 128 页
第 130 页
第 131 页
第 133 页
第 143 页
第 145 页
第 150 页
第 151 页
第 152 页
第 153 页
第 154 页
第 155 页（下）
第 156 页
第 157 页
第 163 页
第 166 页
第 168 页
第 170 页（上、下）
第 171 页
第 172 页
第 173 页
第 178 页
第 179 页
第 185 页（下）
第 189 页
第 190 页
第 191 页
第 192 页
第 194 页
第 197 页
第 198 页（上、下）
苍铭
第 87 页
第 94 页
苏志平
第 69 页（下）
第 115 页
第 120 页
第 175 页
侗族摄影网
第 141 页
周梦
第 79 页（下）
钟涛
第 32 页
第 74 页（左）
第 88 页（右）
第 89 页（上）
第 109 页
第 122 页（上）
第 127 页（下）
夏梦颖
第 81 页（上）
第 158 页
温红叶
第 35 页（下）
第 80 页（下）
第 86 页（上）
第 129 页（上）
第 132 页（下）
第 174 页（上、中）
魏萍
第 136 页

后记 

20世纪80年代以来，随着国家改革开放的不断深入，侗族地区的基础设施得到了极大改善，加之信息化的迅猛发展，人口流动的频繁，生计方式的多样化，带来了侗族社会文化的快速变迁。30多年来，我目睹了自己的家乡从一个阡陌田野、山水环绕、守望相助，充满浓郁民族特色的乡村向城镇化的转变，以及在此过程中民族传统文化的日益消逝，也体悟到了乡人在传统与现代之间的纠结和无助。尽管在一些偏僻的侗族地区仍保留着一些传统文化因素，但面对汹涌的现代化、城镇化浪潮，谁也不能避之于外，变迁已经成为这个时代民族社会发展的主旋律。作为一名侗家人，我自豪且自信于自己的民族传统文化，希望通过自己的笔触展示于世人，让更多的“他者”认识、理解和欣赏它。同时也期冀人们能够在了解之时反思当下许多急功近利的行为和认识，并从一些本土知识中吸取养料，让我们生活的环境保持永续的碧水蓝天，与自然和谐共存。感谢辽宁民族出版社给了我这样一次机会！虽然这已是我第三本有关侗族的专门书籍，但于我而言，每一次撰写都是对本民族社会文化的一次梳理并受其洗礼，在此过程中内心充盈着浓厚的温情。侗族是一个历史悠久、文化丰富的民族，有的文化事项在中国少数民族中独树一帜，如何在有限的时间和空间里展现自己民族社会文化的精髓与深厚的意涵，不仅颇费心思，也是一个艰难的选择过程。囿于阅历、知识结构以及时间匆忙，在书写之时总有难以企及和差强人意之处，且留下诸多的遗憾！而文中错漏、表述不到位之处亦在所难免，还望专家学者批评指正！

需提及的是，原稿有脚注，对所引观点和引文均有出处，但因丛书统一版式需要而未列出，对相关作者在此表示歉意！

与以往我所作侗族书籍不同，该书图文并茂，需要大量图片作铺垫，我的乡人、同胞、学生贡献了他们以及他们朋友的作品，使书稿得以完成，在此深表谢意！

在撰写本书期间，我的老父亲不幸因病驾鹤西去，我不仅失去了至爱的亲人，也失去了一位极佳的报道人。父亲不仅使我流淌着侗家人的血脉，也让我浸润着侗家文化的滋养，引导我感受民族文化的内涵与意义，我的许多有关侗族研究论著凝结着他的辛劳与期待。我想，此书的付梓是对其最好的纪念，愿天堂里的父亲安好！

杨筑慧

2015年6月25日于中央民族大学